KB073321

2050
대담한 준비

나의 미래를 단단하게 만드는 미래학자의 세 가지 도구

2050
대담한 준비

최윤식 지음

연합인포맥스북스

더 단단한 미래로 이끄는 지혜, 세 가지 도구 사용법

사람은 누구나 살면서 각자 정해진 분량의 실패를 경험한다. 그 모양과 크기는 다르지만 각자 느끼는 무게는 같다는 게 나의 생각이다. 실패의 크기가 겉보기에는 작아도, 마음으로 느끼는 무게는 무겁고, 고통은 똑같이 심하다. 한번 실패를 이겨냈다 해도 다시 실패에 부딪히면 똑같은 크기의 괴로움이 인생을 짓누른다. 중요한 것은 실패의 크고 작음이 아니다. 실패를 어떻게 헤쳐나가느냐, 실패를 통해 어떤 모습으로 성장하느냐다.

나의 인생도 다를 것 없다. 나의 인생에도 성공과 화려함만 있지는 않았다. 이 책에서 하나씩 이야기를 풀어놓겠지만, 나 역시 많은 실패를 겪었고 어두운 절망의 시간도 보냈다. 나도 늘 성공을 갈망한다. 좋아하고 기대한다. 하지만 지금까지 살아온 시간을 되돌아보면 나를 성장시킨 것은 성공이 아니었다. 실패의 경험이었다. 실패와 고난은 나에게 '인생을 새롭게 배우는 기회'를 주었고, '나를 새롭게 알아가는 기회'를 선물했다.

실패는 본디 아픈 것이다. 미치도록 두렵고 다시 대면하기 싫은 것이다. 하지만 우리는 실패, 좌절, 고난, 절망과 친구로 사는 법을 배워야 한다. 어제 실패하고 오늘 성공해도, 내일 다시 실패할 수 있기 때문이다.

얼마 전까지 나는 전문 미래학자^{Professional Futurist}로 '100세 인생'을 말하곤 했다. 하지만 이는 틀렸다. 우리가 살아가야 할 세상은 이미 100세 인생이 아니라 120세 인생이다. 120세 인생에서는 최소한 80년을 일해야 한다. 직업이나 직장을 10~20번을 바꿔야 한다는 얘기다. 꿈도 계속 바꿔야 하고, 목표도 계속 바꿔야 한다. 누구나 한 번은 개인 사업, 자영업, 프리랜서로 '홀로서기'를 해야 한다.

120세 시대에는 누구도 처음부터 죽을 때까지 성공의 길에만 머무를 수 없다. 반드시, 한 번은 실패를 경험한다. 그래서 한 번의 성공을 미칠 듯이 좋아할 필요도 없고, 한 번의 실패에 인생이 끝난 듯 허망해할 필요도 없다. 한국 축구 국가대표 팀을 월드컵 4강에 올려놓았던 거스 히딩크 전 감독이 한 방송 프로그램에 출연해서 이런 말을 했다.

"2002년, 한국은 지더라도 다시 일어섰다. 그래서 강한 팀이었다."

지고, 실패하고, 넘어지고, 고난에 빠지는 것은 수치가 아니다. 약함이 아니다. 다시 일어서면 강한 사람이 되는 것이다.

내가 이 책을 쓰게 된 첫 번째 이유는 누군가에게 유익을 주기 위해서가 아니었다. 성공가도를 달리다 한순간에 벼랑으로 떨어졌던 내 실패의 경험을 기록으로 남기기 위해서였다. 왜? 나에게 다시 찾아올 '미래의 실패의 시간'에, 내가 '과거의 실패'라는 나아갈 길이 보이지 않는 깊은 웅덩이에서 어떻게 다시 기어서 올라왔는지를 기억해내야 하기 때문이다.

몇 번의 실패와 고난의 시기를 통과하고 다시 일어선 경험을 하고 보니, 문득 '실패와 고난의 시기에 내가 깊이 느꼈던 깨달음을 과연 완벽하게 기억해낼 수 있을까?'라는 생각이 들었다. 고난 중의 고통, 그다음에 이어진 나를 향한 깊은 성찰, 쏟아지는 감사, 삶에 대한 민감성 등을 말이다. 나는 그 모든 과정을 하나도 놓치고 싶지 않아서 이 책에 담아놓기로 했다. 그리고 120세 시대, 언젠가 또다시 실패와 고난의 시간을 통과하게 될 때를 위해서라도 이 경험과 깨달음, 실패에서 탈출하는 방법을 간직하는 것이 매우 중요하다고 생각했다.

그래서인지 지금도 나는 어려울 때마다 이 원고를 다시 꺼내 읽는다. 읽을 때마다 실패의 의미를 되새기고, 실패에서 벗어난 방법을 재확인하고, 절망의 감정을 물리치려고 애쓴다. 그러면 실패와 고난 속에서 얻은 깨달음이 새록새록 되살아나 다시 겸손해지고, 용기가 생기며, 새로 일어날 힘을 얻곤 한다. 그다음의 발걸음을 어디로 내딛어야 하는지 다시 생각할 작은 여유를 갖게 된다.

두 번째로, 나는 나와 비슷한 실패와 고난, 고통을 당하고 있는 이들에게 작지만 건강한 도움을 주기 위해 이 책을 출간하기로 했다. 나는 미래학자다. 하지만 파산 위기라는 실패를 세 차례나 온몸으로 겪었다. 아무리 남들보다 먼저 미래를 내다보더라도 실패는 피할 수 없다. 그만큼 세상은 거대하기 때문이다.

사람들은 흔히 이렇게 생각한다. '미래학자면 미래의 위기를 잘 내다볼 수 있으니 실패할 일은 없겠네.' 그렇지 않다. 미래를 내다보는 것과 미래의 위기를 막아내는 것은 다른 문제이기 때문이다. 미래의 위기를 먼저 통찰한다 해도, 위기 자체가 피할 수 없는 거대한 물결일 수 있다. 패러다임 대전환, 산업과 부의 대이동이 그렇다. IMF 외환위기, 2008년 글로벌 금융위기, 코로나19 팬데믹처럼 대재앙이 그렇다. 욕심과 자만심도 이미 예상한 위기를 피하지 못하게 가로막는 장벽이다. '저 정도의 문제는 충분히 이길 수 있어'라는 자만심, '위기가 곧 기회'라는 말로 부리는 과도한 욕심과 무모한 전진이 그렇다. 나도, 이 글을 읽는 당신도 그래서 실패했을 것이다.

혹자는 이렇게 물을 수도 있다. "그러면 미래를 남들보다 먼저 통찰하는 데서 오는 유익은 무엇인가요?" 그것은 바로 실패를 경험해도 '이것이 끝이 아니다'라는 확신을 가질 수 있다는 점이다. 사람의 생각에도 '관성의 법칙'이 작동한다. 성공의 날개를 달면 그 성공이 영원할 것이라고 생각하는 관성, 실패로 한번 추락하면 이제 모든 것이 끝장났다고 생각하는 관성이다. 하지만 세상의 변화를 통찰하면 '겸손'해진다. 지금의 기회가 영원하지 않듯, 지금의 성공도 영속하지 않는다는 겸손이다. 그래서 세상의 변화를 통찰하면 '희망'을 갖게 된다. 지금의 위기와 실패도 영원히 계속되지 않는다. 어렵지만 버티고 살아남으면 다시 일어설 기회가 반드시 온다. 지금 가지고 있는 것은 잃어도, 새로운 기회가 다시 온다는 소망이다. 그러니 사방에서 고난이 당신을 옭아맨다 하더라도 낙심하지 말라. 좌절하지 말라. 아니, 좌절하고 낙심해도 또 다른 하루를 살아내라. 단, 오늘 하루를 견딜 때는 이상하고 신비적인 방법이 아닌 건강한 방법으로 이겨야 한다.

세 번째로, 나는 자녀들에게 이야기를 들려주고 싶은 마음에 이 책을 썼다. 나는 네 명의 자녀를 둔 부모다. 내 목숨보다 소중한 사랑스런 아들만 넷이다. 내 아들들도 120세를 살아야 한다. 아니, 어쩌면 이들은 그보다 더 오래 살지 모른다. 낭연히 내 아이들도 무수한 고난과 고통의 시간을 지나쳐 가야만 할 것이다. 나의 사랑스런 네 명의 자녀들에게도 실패와 고난을 헤쳐나가는 지혜가 필요하다.

나는 아이들에게 '아빠가 어떻게 성공했는가'를 가르쳐줄 필요는 느끼지 못한다. 각자의 역할이 다르고 성공의 방법은 수없이 많기 때문이다. 하지만 '아빠가 어떻게 실패와 고난을 견디고 이겼는가'는 가르쳐주고 싶다. 어떻게 이 기가 막힌 실패의 웅덩이에서 살아 나올 수 있었는지 말이다. 실패와 고난의 형태와 시기는 다양해도, 이기고 극복하고 다시 일어서는 지혜는 한결같기 때문이다.

나는 내 아이들이 성공하는 법을 배우기보다 '실패를 이기고 다시 일어서는 법'을 먼저 배우기를 원한다. 성공은 특별한 것이 아니다. 실패의 자리에서 일어서면, 그것이 곧 성공이다. 많은 사람이 돈 혹은 지식이 자녀에게 물려줄 가장 큰 유산이라고 여기곤 한다. 하지만 내 생각은 다르다. 120세 시대, 혹은 그 이상으로 평균 수명이 길어질수록 인생에서 실패할 확률과 횟수도 더 많아진다. 나는 내 자녀들이 앞으로 겪게 될 수없이 많은 실패와 고난 앞에서 비록 넘어지더라도 다시 일어설 수 있는 방법과 지혜를 가르쳐주는 것, 다시 희망을 품고 생각하는 법을 가르쳐주는 것이야말로 아버지가 자녀들에게 줄 수 있는 최고이자 최대의 자산이라고 생각한다.

고난은 내가 선택할 수 없다. 하지만 고난에 어떻게 '대응'할지는 내가 선택할 수 있다. 실패 앞에서 무너지느냐, 다시 일어서느냐는 오롯이 나의 선택이다. 나는 나의 자녀들이 고난을 만날 때, 포기하지 않고 더 나은 미래를 만드는 올바른 방법을 선택하기를 간절히 소원한다. 폭풍우는 피할 수 없고 나의 선택도 아니지만 폭풍우 속에서 올바른 방향으로 나아가기로 결심하는 것은 나의 선택이고 가능한 일이다.

네 번째로, 나는 오늘날 한국의 젊은 세대와 은퇴자들을 위해 이 책을 썼다. 지금 한국 사회는 패배주의가 극심하고, 젊은 세대들은 점점 무기력해지고 있다. 아직 성공과 실패를 많이 경험해보지 않았음에도 불구하고 미래에 대해서 너무 불안해하고 있다. 은퇴자들은 또 어떤가? 그들은 겁에 질려 있다. 미래에는 99퍼센트의 사람들이 가난하고 비참한 일자리를 전전하며 살 것이라는 비관주의가 광풍처럼 이는 시대 분위기 속에서 그들은 "미래에는 희망이 없다"는 말을 달고 산다.

하지만 그렇지 않다. 미래는 우리가 어떻게 준비하고 대응하느냐에 따라 달라진다. 이 글을 읽는 젊은이들에게 부탁한다. 당신 안에 아직 꽃 피우지 않은 놀라운 능력에 대한 믿음을 잃지 말라. 이전 기회는 지나갈 것이다. 줄어들고 없어질 것이다. 하지만 걱정하지 말라. 다음 기회가, 새로운 기회가 또 생기고 늘어날 테니 말이다. 나는 전문 미래학자로서 그리고 인생 선배로서 이 사실을 젊은이들에게 전할 필요가 있다고 생각했다. 물론 함께 울어주는 위로도 필요하다. 하지만 그것만으로는 부족하다고 본다. 새로운 시대에 맞춰 어떻게 살아가면 되는지, 과거가 지나가고 미래가 오면 어떤 기회가 만들어지는지 내가 아는 만큼, 통찰한 만큼, 미리 경험한 만큼 알려주기도 해야 한다.

이 글을 읽는 은퇴자들에게 부탁한다. 120세 시대에는 은퇴를 해도 세 가지 고난에 부딪히게 된다. 내 문제, 자녀 문제, 부모 문제다. 이 세 가지 문제와 치열하게 싸우다 보면 어느 날 문득, 내 미래가 두려워진다. 그러나 인생은 마라톤이다. 은퇴는 마라톤에서 반환점을 돈 것뿐이다. 아직도 긴 승부가 남아 있다는 점을 기억하라. 과거의 놀라운 승리나 현재의 허망한 실패 하나로 남아 있는 길고 긴 인생을 평가하지 말자. 진정한 평가는 인생 전체를 잘 참고 견디며 승부를 미세하게 끌고 가다가 마지막에 승리를 거머쥐었느냐로 이루어진다. 나이에 숨지 말자. 고난과 실패는 부끄러움도, 수치도 아니지만 포기는 부끄러움이다. 주저앉는 것은 수치다. 이것은 남녀노소를 불문하고 동일한 진리다. 아무리 나이가 들어도 미래를 준비하면, 지금의 두려움이 실제가 되지 않게 할 수 있다. 여전한 나의 능력에 대한 믿음을 잃지 말자. 미래에 대한 희망도 버리지 말자.

나는 40대 젊은 시절에 엄청난 성공을 맛보았다. 프로필만 봐도 알 수 있겠지만, 이해하기 쉽게 한마디로 설명하자면 기업 강연료가 연예인 수준이었다. 그런 나의 성공 스토리를 사람들에게 아주 간단하게만 들려줘도 반응은 대체로 두 가지로 나뉜다. 하나는 대단하다, 특별하다, 나와 다르다, 라는 반응이고 또 하나는 자랑이 심하다, 그만 듣고 싶다, 부럽고 화가 난다, 라는 반응이다. 그런데 내가 곤경을 당한 이야기, 세 번이나 파산 위기를 맞았던 이야기를 하면 그때부터 사람들의 마음이 열리기 시작한다. 같이 아파해주고 위로해준다. 서점가에서는 성공 스토리가 인기가 좋다. 책도 더 많이 팔린다. 그런데 내 경험에 의하면, 성공 스토리는 사람을 살리지 못한다. 오히려 고난받고 실패했는데 다시 일어선 이야기가 사람들에게는 더욱 용기를 주고, 더 많은 위로가 된다. 나아가 더 많은 사람들을 살린다. 나는 이 책이 그런 일을 했으면 한다.

그렇다고 이 책에 용기와 위로만 담겨 있지는 않다. 나는 이 책에서 '더 나은 미래', '더 단단한 미래'를 준비하는 세 가지 지혜를 말할 예정이다. 이는 미래를 준비하는 데 꼭 필요한 도구**tool**라고 할 수 있다. 첫째, 자본주의 시대를 사는 데 필요한 '돈'의 영역에서 '시간'과 '복리'의 힘을 발휘하는 지혜다. 둘째는 돈이나 물질에 지배당하지 않는 데 필요한 '소유의 사명'을 아는 지혜다. 마지막으로, 민주주의 시대와 기술 폭발의 시대를 살아가는 데 있어 '자아실현'의 측면에서 내 능력과 잠재력을 극대화하여 미래를 준비하는 지혜를 이야기해보려 한다.

이 책이 나오기까지 많은 분들의 격려와 도움이 있었다. 먼저

12

늘 옆에서 묵묵히 자리를 지키며 "함께 이겨내봅시다"라는 소박한 말로 믿음과 사랑을 표현해주었던 아내에게 감사를 전한다. 아내는 내가 힘들 때 늘 기대고 싶은 여인이다. 참으로 감사하다. 아장아장 걷던 게 얼마 전인 것 같은데 어느덧 장성한 청년이 되어 고난에 빠진 아버지를 지지하고 같이 애써주는 아이들에게도 감사하다. 부족하고 연약한 나를 위해 실패와 고난의 기간을 염려와 기도로 동행해주신 양가 부모님들께도 감사드린다. 마지막으로 이 책이 실패로 절망하고 미래로 나아가기를 포기하는 이들을 위로하고 세우는 데 도움이 될 수 있도록 애써주신 출판사 관계자 분들께 깊은 감사를 드린다.

전문 미래학자
최윤식

2장

미래를 단단하게 만드는 미래학자의 첫 번째 도구: 시간과 복리의 힘

3장

미래를 단단하게 만드는 미래학자의
두 번째 도구: 소유의 사명

4 장

미래를 단단하게 만드는 미래학자의 세 번째 도구: 확장 뇌, 인공지능

1
장

실패가 내게
가르쳐준 것들

THREE TOOLS OF THE FUTURIST

나의 모든 성공은
두 번의 실패에서 시작됐다

서문에서 밝혔듯 우리는 지금 120세 시대를 산다. 120년은 생각보다 훨씬 더 긴 시간이다. 그 긴 시간 속에서 우리는 누구나 성공과 실패를 반복할 수 있다. 지금, 실패로 인해 주저앉아 있는가? 현재 빠져 있는 실패의 웅덩이와 수렁에서 벗어나기 위해, 그리고 미래의 실패와 고난을 이기기 위해 우리는 답 찾기를 미뤄서는 안 된다. 120세를 살아갈 '새로운 지혜' 즉, 반복되는 실패를 다루는 나름의 방법을 익혀야 한다.

실패 이후에도 인생은 계속된다. 그것도 아주 오랫동안. 그러므로 우리는 새로운 준비를 시작하는 법, 실패를 털고 일어나 올바른 방향을 찾고 진짜 소중한 것을 잃지 않고 웃으며 사는 길을 찾아야 한다. 이 책은 이런 답들을 찾기 위해 몸부림쳤던 나의 여정에 대한 기록이다. 내가 발견하고 찾은 한 가닥 길에 대한 이야기다. "미래학자는 도대체 미래를 어떻게 준비할까?"라는 질문에 대한 소박한 대답이다.

2024년 4월 2일, '핵 주먹'이라 불린 전설의 복서 마이크 타이슨은 쉰일곱 살의 나이에 스물일곱 살의 유튜버 출신 복서 제이크 폴과의 대결을 앞두고 "무서워 죽을 지경이다"라고 고백했다. 40대 이상의 독자라면 대부분 잘 알겠지만 타이슨은 명실상부 헤비급 역대 최고의 복서 중 한 명이었다. 젊은 시절, 대부분의 상대를 1라운드에 링에 눕힐 정도의 가공할 만한 펀치를 자랑했다. 아무리 나이가 들었어도 그 펀치력이 어디 가지는 않는다. 2020년 11월, 타이슨은 로이 존스 주니어와의 경기를 통해 링에 복귀했다. 은퇴 15년 만이었다. 그 경기를 위해 타이슨은 많은 훈련을 소화했다. 날씬한 체격으로 변신하여 링 위에 오른 그는 1라운드부터 적극적이며 활발한 공격을 하면서 로이 존스 주니어를 몰아붙였다. 쉰셋의 나이가 무색하게, 타이슨은 로이 존스의 복부를 집중적으로 공략하며 매 라운드마다 그를 괴롭혔다. 결국 시합은 무승부로 끝났지만 타이슨은 나이를 무색케 할 힘과 집념을 보여주었다. 이런 그가 "링에 오르는 순간이 무섭다"고 말한 것이다. 전혀 예상치 못한 반응이었다. 타이슨은 자칭 '지구상에서 가장 나쁜 남자'라고 외치고 다니는 사람이다. 그런 그가 링 위에서 싸우는 걸 죽을 정도로 무서워한다는 말은 언뜻 납득이 되지 않는다. 그는 미국 폭스 뉴스 진행

자 션 해니티와의 인터뷰에서 그 이유를 이렇게 설명했다.[1]

　　"(폴과의 대결을 앞둔) 지금, 무서워 죽을 지경이에요. (2020년 11월) 로이와의 경기도 두려웠어요. 그때 나는 100파운드(약 45킬로그램)나 과체중이었고, 나이는 쉰세 살이었는데 '해보자'라고 말했죠. 두려운 것이 있으면 무엇이든 맞서 싸우죠. 그게 내 성격이에요. (…) 나는 항상 역경과 긴장이 나를 성공으로 이끌었다고 믿었어요. 이런 감정이 없었다면 시합에 나서지 않았을 겁니다. 싸우려면 이런 감정이 있어야 합니다. 이런 감정이 없었다면 절대 링에 오르지 않았을 겁니다."

　　우리를 무너뜨리는 것은 돈이 아니다. 돈은 우리를 조금 편하게 하거나 조금 불편하게 만들 뿐이다. 우리를 무너뜨리기도 하고 다시 일으켜 세우기도 하는 것은 '마음'이다. 마음을 한 번만 잘못 먹으면, 사람은 죽는다. 반대로 마음만 바꾸면, 이길 수 있다.

　　다윗과 골리앗의 이야기를 모르는 사람은 없으리라. 작은 소년 다윗이 거인 골리앗을 물맷돌로 단번에 쓰러뜨린 이야기다. 우리는 다윗의 기적 같은 성공 스토리에만 귀를 기울인다. 그러나 다윗 왕

1　박해식, "타이슨 '폴과 맞대결 무서워 죽을 지경'…알고 보니 '쫄보'?", 스포츠동아, 2024. 04. 03.

의 인생은 성공보다 실패가 더 많았다는 사실을 아는가? 이스라엘의 별, 위대한 정복자 다윗 왕도 수많은 실패와 고난과 고통을 만났다. 전쟁에서 여러 번 지고, 적에게 쫓겨서 수도 없이 도망쳤다. 살기 위해 미친 사람처럼 행동하기도 했다. 다윗이 남긴 수많은 주옥같은 시들은 대부분 실패, 고난, 좌절과 고통 속에서 나온 결과물이다. 다윗의 위대한 승리는 골리앗을 쓰러뜨린 것이 아니다. 다윗을 위대한 왕으로 만든 승리는 무수한 실패와 맞서 싸워 얻은 승리다. 다윗이 자신의 시를 통해 후대에 남기고 싶었던 것은 전투의 승리가 아니라 마음의 승리였다. 다윗을 명장으로 만든 것은 '마음'이지 '근육'이 아니다. 마이크 타이슨은 주먹의 힘보다 마음의 힘이 더 세서 세계 챔피언의 자리에 오른 것이다.

얼마 전, 나는 한국 축구 국가대표 팀을 월드컵 4강에 올려놓았던 히딩크 전 감독이 한 방송에 출현해 한 말에 감동을 받았다. 그는 지금 한국 국가대표 팀이 겪는 어려움에 대해 조언을 부탁한다는 진행자의 말에 이렇게 대답했다.

"2002년, 한국은 지더라도 다시 일어섰다. 그래서 강한 팀이었다. 다시 일어설 수 있다면, 자부심을 가져도 된다."

미래를 단단하게 만들고 싶은가! 그렇다면 현재의 실패와 싸워라. 지금 마음속에 있는 두려움과 싸워라. 패배주의와 맞서 싸워라. 그리고 이겨라. 세상을 이겨내라는 말이 아니다. 마음을 이겨내라는 말이다. 마음을 이기면, 새로운 길을 찾을 힘을 얻을 수 있다. 실패를 이기는 무기는 돈이 아니다. 마음이다. 옛말에 "실패해도 하늘이 무너지지는 않는다"라는 말이 있다. 일을 그르쳐도 하늘이 무너질 정도로 큰일이 나지는 않는다는 얘기다. 실패는 끝이 아니다. 실수하고 실패해도 인생 자체가 그르쳐질 일은 없다. 지나고 보면 조금 쓴 약일 뿐 큰일이 아니다. 나를 더 단단하게 만든 잠시 지나가는 폭우였을 뿐이다. 그러니 실패에 낙심하지 말라. 두려워하지 말라. 부끄러워하지 말라. 수치라고 생각하지 말라. 이렇게 마음먹는 순간, 실패와 맞서 싸울 용기가 생긴다. 실패와 고난은 나와 세상을 새롭게 배우는 기회다. 나를 더 단단하게 만들고, 나를 더 성장시키고, '더 나은 미래'를 만드는 경험이다. 이렇게 마음먹는 순간, 실패를 친구 삼을 수 있다. 실패를 적에서 우군으로 돌릴 수 있다. 이것이 '실패와 맞서 싸워 이긴다'는 말의 진정한 의미다.

나도 이것을 경험을 통해 배웠다. 내 인생에서 성공이 늘 유익했느냐 하면, 그렇지 않았다. 높이 올라갈수록 한편으로는 좋았지만 다른 한편으로는 불안했다. 나는 미래학자다. 대중에게 한국과 아시아를 대표하는 전문 미래학자로 알려져 있다. 많은 이들이 내가 어떻게 미래학자가 되었는지 궁금해한다. 나는 한국 최고 명문대나 미국 아이비리그 엘리트 코스를 밟지 못했다. 지방 국립대 철학과 출신이다. 미국 지방 학교에서 유학했다. 물려받은 재산도 없다. (당시) 국민학교 시절, 나의 아버지는 지방 도시의 가난한 성직자였다. 우리 집 바로 앞은 쓰레기와 오물처리장 같은 곳이었다. 나와 남동생은 그곳에서 대나무로 화살을 만들어 쏘며 놀거나 바람이 거세게 부는 날에는 연을 날리며 놀았다. 한 번은 멀리 날아간 화살을 주우러 가다가 발이 푹 빠져서 보았더니 인분이 가득 버려진 구덩이였다. 나의 어린 시절은 그렇게 지나갔다. 나는 서른 살이 되어 미국 유학을 결심했다.

사실, 내가 늦은 나이에 미국 유학길을 떠난 건 미래학을 배우려는 목적이 아니었다. 미국 유학에 대한 작은 동경, 무작정 한국을 떠나보고 싶은 마음, 새로운 것에 대한 모험 등 복잡한 동기들이 한데 버무려져 있었다. 2000년, 나는 그렇게 복잡한 마음을 안고 아내와 두 살 된 아이를 데리고 미국으로 건너갔다. 손에 쥔 돈은 단돈 1,500만 원이 전부였다. 우여곡절 끝에 미국 남부 휴스턴에 자리를 잡았다. 하지만 휴스턴에서의 첫 1년은 나의 기대 혹은 예상과 전혀 달랐다. 생활은 어려웠고, 아내는 낯선 미국 생활에 잘 적응하지 못했다. 1년간 이어진 영어 연수도 만만치 않았다. 한국으로 다시 돌아가야 되나 하는 마음마저 들었다. 내 인생의 첫 번째 실패였다.

하지만 그 첫 실패가 나를 미래학자의 길로 이끌었다. 한 번 생각해보라. 호기롭게 한국을 떠나왔는데, 1년 만에 다시 돌아간다는 것이 너무 부끄럽지 않은가! 돌아갈 때 돌아가더라도 '명분'은 있어야지 싶었다. 그리고 머나먼 미국 땅까지 왔는데 어학연수만 마치고 되돌아가는 것도 자존심이 허락하지 않았다. 그렇게 일단, 대학

원 입학 시도라도 해보자고 마음먹었다. 그러던 차에, 우연히 한 사람을 통해 휴스턴대학원에 '미래학$^{futures studies}$'이라는 학과가 있다는 소식을 들었다. 나와 미래학의 인연은 이렇게 시작되었다.

당시 나는 미래학이 무엇인지 전혀 몰랐다. 겨우 앨빈 토플러 같은 미래학자가 있다는, 일반인과 똑같은 상식 정도가 내가 가진 지식의 전부였다. 그런데 그때 내 머릿속을 스치고 지나가는 생각이 있었다. '미래학이 무엇인지 잘 모르지만 이름으로 짐작해봤을 때 미래 변화에 대해서 배우거나 미래를 예측하는 방법을 가르쳐주는 것이 아닐까? 만약 그렇다면 미래학을 공부하면 미래에 대해 고민하는 이들에게 완벽한 답은 아니지만 조금이라도 도움을 줄 수 있겠다!'

나의 첫 실패가 나를 미래학이라는 학문으로 이끌었다면, 나의 두 번째 실패는 내가 미래학을 가르치고 미래예측이라는 일을 하고, 미래학 관련 책을 쓰도록 만들었다. 어려운 형편에도 부모님의 도움을 받아 미국에서 일을 병행하며 가까스로 미래학 공부를 마치고 한국에 돌아왔다. 미래학을 전공하고 한국에 돌아왔지만 당시 한국 기업이나 정부 기관 등은 미래학, 혹은 미래예측에 관심이 없었다. 대중도 '미래예측'이라고 하면 예언가처럼 신비스럽게 보거나, 정반대로 사기꾼으로 의심하는 분위기였다. 나 같은 미래학 전공자가 설 땅이 없었다. 부르는 곳도 없었다. 미래학 전공을 활용할 일자리도 없었다.

결국 내가 선택한 길은 작은 사업이었다. 그때가 2006년 무렵으로, 당시 중국 경제가 무섭게 부상하기 시작하던 시절이었다. 중국의 경제 발전에 가장 큰 수혜를 보는 나라가 한국이었고 그 기회를 잡기 위해 한국의 수많은 사업가들이 중국에 앞다퉈 진출했다. 중국도 한국의 발전과 다양한 산업의 노하우를 거침없이 배우는 시기였다. 나는 친구 몇 명과 함께 중국에서 아이들의 미래 진로를 코칭하고 영재교육을 하는 사업을 하기로 마음먹었다. 학생들의 미래 진로 코칭은 내가 배운 미래학을 활용하고, 영재교육은 국내 전문가를 영입했다. 아는 지인의 소개로 나름 중국 내에서 영향력 있는 권력가와 연결되었다. 내가 소개받은 중국 파트너는 과거 중국 주석의 비서실장의 비서, 즉 실세라고 했다. 처음에는 의심이 갔다. 하지만 실세를 소개해준 지인을 믿었기에 사업을 추진했다. 중국도 한국만큼 교육열이 높으니 가능성을 봤고, 중국의 14억 인구를 대상으로 학원을 차리고 컨설팅, 코칭을 하면 성공할 가능성이 높겠다 싶었다. 당시는 중국의 경제 성장과 더불어 아이들이 먹는 음료수 하나만 성공시켜도 엄청난 부자가 된다는 식의 온갖 성공 신화가 쏟아져 나오던 시기였다. 이런 성공 신화에 고무된 나와 친구들은 이사진을 구성하고 각자 돈을 출자했다. 나도 돈을 빌려 사업자금을 마련하고 중국에 한중합작 법인을 만들었다. 중국 파트너는 우리 이사진이 중국을 방문할 때면 공안의 안내를 받으며 공항 검색대도 통과하지 않게 해주었고, 상하이 최고급 호텔에서 식사를 대접하며 장밋빛 비즈니스 전망을 늘어놓았다. 이런 상황이 몇 번 반복되니 약간의 의심조차 사라지고 머릿속엔 성공뿐인 미래만이 가득했다.

하지만 결론적으로 사기였다. 나중에 알고 보니, 그들은 우리가 투자한 돈으로 우리를 접대했던 것이었고, 투자금이 다 떨어지자 갑자기 계약을 파기했다. 나는 그렇게 망했고 친구까지 잃었다. 이것이 내 인생의 두 번째 실패였다. 악재는 악재를 부른다. 그때 우리 집의 쌍둥이 막내 아이들이 태어났다. 나는 파산했고, 당시 억대에 가까운 엄청난 빚만 짊어졌다. 지금도 아내에게 미안한 마음이 크다. 당시 나는 2년 동안 집에 생활비 한 푼 갖다 주지 못했다. 아내는 지금도 결혼 반지가 없다. 그때 결혼 반지까지 팔아서 쌍둥이 분유를 사다 먹였기 때문이다.

빚더미에 앉자 나는 무엇이든 해야 했다. 배운 게 도둑질이라고, 내가 할 수 있는 것이라고는 '미래학'뿐이었다. 나는 절실한 마음으로 미래학 무료 강좌를 열었다. 미래예측을 사기나 신비한 능력으로 여기던 시절에 사람들이 큰돈을 내고 미래학을 배운다는 것은 상상도 할 수 없는 일이었다. 내가 미래학을 전공했다고 하면 열이면 열 사람 모두 "그게 뭐죠? 그런 학과도 있어요?"라고 되물었고, 은근히 무시하기도 했다. 미래에 대한 이야기를 하면 호기심을 갖고 듣기는 해도 무협지 소설 같다는 등 공상 취급을 하곤 했다. 하지만 나는 절박했다. 어떻게든 실패를 이겨내고 다시 일어나야 했다. 나는 막 창업한 사람이 무료로 제품을 나눠주면서 가게를 홍보하는 것처럼, 불특정 다수를 대상으로 '무료 미래학 강의'를 홍보했다. 그렇게 그냥 호기심에 몇몇 사람들이 나를 찾아왔다. 그들을 대상으로 나는 혼신을 다해 강의를 했다. 그리고 1만 원짜리 유료 강의를 들어보라고 조심스레 권했다. 나의 미래학 강의는 이렇게 시작되었다. 뒤돌아 생각해보면 그때의 두 번째 실패가 없었더라면, 파산의 고난이 없었더라면, 한국과 아시아를 대표하는 전문 미래학자로 불리는 지금의 나는 없었을 것이다.

미래학자의
미래 예측법

내가 공부한 휴스턴대학교 미래 학부는 미래학계에서는 학문적 권위가 높은 곳이다. 나는 그곳에서 '미래예측 방법론'을 배웠다. 미래학에 대해 공부했다고 하면 많은 사람들이 이렇게 묻는다.

"어떻게 알지 못하고, 가보지 않은 미래를 예측할 수 있습니까?"

때론 이보다 조금 도발적인 질문을 하는 사람도 있다.

"미래예측은 맞은 적이 없습니다. 그거 사기 아닙니까?"

이건 모두 미래예측이 '미래를 맞히는 것'이라는 생각에서 비롯된 오해다. 미래학은 미래를 맞히는 학문이 아니다. 미래예측 방법론도 어떤 신비한 기술이 아니다. 미래학은 '더 나은 미래'를 만들기 위해 다양한 미래 가능성을 연구하는 학문이다. 사람들의 생각이나 상식과 다른 '또 다른 미래들alternative futures'에 관심을 갖고 탐구하는 학문이다.

미래학에는 두 가지 연구 흐름이 있다. 하나는 관념론적이고 규범적인 연구 흐름으로, 유럽이 주도한다. 국가의 이상이나 정치 시스템의 미래, 철학 등을 연구한다. 다른 하나는 미국이 주도하는 실용주의 연구 흐름이다. 미래예측 방법론을 가르치는 휴스턴대학교가 그 선봉에 있다. 정성적 방법론, 정량적 방법론, 컴퓨터 시뮬레이션 방법론 등을 상업적이고 기술적인 분야로 연결시킨다.

사실, 인간이라면 누구나 '예측forecasting'을 한다. 오늘 저녁 무엇을 먹을지 예측하고, 오늘 회사 업무가 언제 끝날지 예측한다. 미래예측이 사기라고 목소리를 높이는 사람도 주말에 가족 여행을 계획하면 나름대로 날씨 예측을 해본다. 국가대표 축구 경기가 있는 날이면 승부도 예측해본다. 당연히 이는 '예언prophecy'의 영역이 아니다. 예언은 100퍼센트의 확률을 가지고 미래를 말하는 것이다. 이것은 인간의 능력을 벗어난 신의 계시와 같다. 그래서 예언은 주로 종교 영역에서 일어난다. 이에 반해 예측은 '경우의 수number of cases' 찾기와 비슷하다. 확률 계산처럼 이렇게도 생각해보고, 저렇게도 생각해보는 것이다. 과거의 경험을 토대로 세운 가정假定, supposition이며, 특정 계획이나 트렌드를 염두에 두고 그 흐름을 미래로 연장해보는 것과 같다. 단, 전문 미래학자는 이 모든 행위를 학문적 토대 위에서, 논리적 사고를 사용해, 확률적 가능성까지 확대해서 생각하고 말한다.

한 가지가 더 있다. 나 같은 전문 미래학자는 내가 예측한 미래, 내가 쓴 시나리오대로 미래가 나타나는 데는 관심이 별로 없다. 그럼 무엇에 관심을 가질까? 미래학자는 내가 예측한 미래, 내가 쓴 다양한 시나리오가 사람들이 더 나은 의사결정을 하는 데 '얼마나 의미를 갖는가'에 관심을 둔다. 의사결정에 도움이 되는 '미래 가설'을 만드는 데 관심을 둔다는 뜻이다. 그런데 내가 예측한 시나리오가 현실이 되는 경우가 상당히 많았다. 그 이유는 미래학이 인류가 수천 년 동안 축적해놓은 지식을 학습하고, 과거 인류의 발전과 변화, 특정 문명이나 권력 집단의 흥망성쇠를 연구하는 학문이기 때문이다. 미래학은 변화의 이치, 구조, 패턴이나 사이클을 추적하는 것을 기본으로 한다. 또한 인공지능^{AI}이나 빅데이터 기술 등을 이용해서 실시간 정보를 추적하고 분석도 한다. 현상 이면에 있는 변화의 심층 원동력^{driving forces}의 움직임에 관심을 갖고 예측을 시도한다.

미래예측 방법론은 결코 신비한 비기秘技나 연금술이 아니다. 다양한 학문 분야에서 새로운 것을 탐구하고, 사회과학적 가설을 세우고, 수학적인 예측 방법론을 집대성하여 합리적이고 논리적인 방법으로 미래를 내다보는 것일 뿐이다. 나는 이런 학문적 배경과 기술 안에서 하루에도 엄청나게 많은 양의 정보들을 모니터링한다. 신문과 잡지만 50~60개 이상 매일 읽는다. 끊임없이, 새로운 학문적 도전을 한다. 그래서 '읽는 기계'라는 별명이 있을 정도다. 이렇게 해서 나온 결과물이 '예측한다', 또는 '시나리오를 쓴다'라고 하는 것들이다.

2008년, 생계를 위해 어쩔 수 없이 뛰어든 미래학 강의를 계기로 나는 전문 미래학자로서의 활동을 본격적으로 시작했다. 당연히 순탄치 않았다. 나의 첫 번째 미래예측서 원고는 대형 출판사에서 연달아 퇴짜를 맞았다. 무시를 당할 때마다 마음은 무너졌고 절망이라는 벽을 대면했다. 사실, 당연한 일이었지만 내 마음은 그렇지 않았다. 한 번은 이런 일도 있었다. 이름만 대면 누구나 알 수 있는 대형 출판사에서 출판 거절을 하면서 내게 이런 말을 했다.

"당신은 알려지지 않은 신인인 데다, 미래학에 대한 국내 독자의 인지도는 미미합니다. 미래예측도 예언 정도로 받아들여집니다. 당신의 스승이라는 피터 비숍 박사님도 국내 지명도가 높지 않습니다. 사실, 저도 그분이 누군지 잘 모르겠습니다."

내가 인지도가 전혀 없는 신인이라는 말에는 전적으로 공감했다. 하지만 내 은사님을 거론하는 것은 참을 수가 없었다. 나의 스승인 피터 비숍Peter Bishop 박사는 앨빈 토플러Alvin Toffler, 짐 데이터Jim Dator와 함께 세계미래학회 및 세계전문미래학자협회APF의 창립 이사이고 강의 차 내한도 몇 차례 한 분이다. 미국 학계에서도 가장 유명한 미래학자 중 한 분이다. 내게는 수모와 다름없는 말이었다. 또 한 번의 좌절을 겪었지만 나는 포기할 수 없었다. 포기는 곧 죽음이었기 때문이다. 그렇게 나의 원고를 받아줄 출판사를 찾아 헤맸다.

포기하지 않아야 나오는, 새로운 시작의 길

포기하지 않으면 길이 열린다. 물론, 큰 길은 아니다. 작은 길이다. 출판사를 찾아 헤매던 중 나는 창업한 지 겨우 2년밖에 되지 않은 1인 출판사 대표를 만났다. 나는 작더라도 출판사가 필요했고, 그분은 새로운 작가가 필요했다. 둘의 필요가 서로 맞아떨어지면서 연달아 세 권의 책을 출간했다. 그렇게 나의 새로운 길은 시작되었다. 다시 말한다. 포기하지 않으면, 작은 길이 열린다. 그리고 시간이 지나면, 작은 길은 큰 길이 된다.

세 권 모두 베스트셀러가 되었다. 첫 번째 책『2030 부의 미래 지도』는 일본어로 번역되어 일본 아마존 베스트셀러 종합 1위까지 올라갔다. 첫 책은 미래학자로서 나의 존재를 한국에 드러내주었다. 두 번째 책『2020 부의 전쟁 in Asia』는 중국에서도 번역 ·

출판되었다. 그러자 기업이 나를 주목하기 시작했다. 세 번째 집필한 미래예측서 『2030 대담한 미래』가 출간되었을 때는 "드디어 한국에도 앨빈 토플러 같은 전문 미래학자가 탄생했다", "이제 한국도 외국 미래학자의 목소리를 듣는 데서 벗어나 우리의 관점으로 스스로 미래를 읽을 수 있게 되었다"라는 평가가 나왔다. 내가 첫 책부터 사용했던 '더 나은 미래'라는 문구는 한국 사회에서 지금까지 유행어처럼 쓰이고 있다.

당시 내가 예측한 한국과 세계에 관한 다양한 미래 시나리오는 지금 다시 읽어보아도 놀라운 통찰로 가득 차 있었다. 2008년, 글로벌 금융위기로 미국 몰락이 거론되기 시작했다. 나는 미국 경제의 강한 회복과 새로운 부흥이라는 정반대의 시나리오를 발표했다. 그리고 미국과 중국의 아름다운 동반자 관계인 '차이메리카Chimeria' 의 지속이 상식으로 자리 잡고 있었을 때, 나는 다시 한 번 정반대의 시나리오를 발표했다. 앞으로 미국과 중국이 21세기 글로벌 1위 패권국 자리를 두고 극렬하게 싸우는 미래가 곧 시작될 것이라는 예측이었다. 미국과 중국은 무역전쟁을 시작으로 기술, 산업, 화폐, 금융, 환율, 인재 등의 영역에서 치열한 다툼을 벌일 것이라고, 세계 곳곳에서 두 나라의 군사적 힘 겨루기도 빈번해지고, 이런 변화는 전 세계를 극심한 혼란으로 내몰 것이라고 예측했다. 또한 2008년 이후, 유럽을 비롯해 곳곳에서 금융위기가 반복될 것이라고 예측했다. 나는 이런 모든 미래 모습을 전 세계의 경련痙攣,

convulsion, spasm을 뜻하는 '월드 스패즘World spasm'이라는 말로 요약했다.

나의 예측은 곧바로 현실이 되었다. 2008년 글로벌 금융위기로 미국이 휘청거리고 중국 경제가 급부상했다. 그러자 중국이 '도광양회韜光養晦' 전략을 버리고 숨겨온 이빨을 미국을 향해 드러내기 시작했다. 도광양회는 빛을 감추고 어둠 속에서 때를 기다린다는 뜻이다. 1980년대 이후, 중국이 개혁개방 정책을 쓰면서 내건 국가적 슬로건으로, 미국에 비해 현저히 떨어지는 과학기술·경제 수준을 따라잡기 위해 속내를 감추고 어둠 속에서 '칼날을 갈겠다'는 전략이었다. 한순간에 돌변한 중국은 기축통화로서 달러의 신뢰 하락을 공격했다. 미국식 자본주의, 금융 시스템의 위험도 언급했다. 그러면서 중국이 대안이 될 수 있다는 뉘앙스를 여기저기 흘렸다. 실제로 미국이 금융위기를 맞아 2008~2009년 경제성장률이 마이너스를 거듭할 때, 중국은 2008년 9.62퍼센트, 2009년 9.23퍼센트라는 경이적인 성장률을 기록했다. 2010년에는 일본을 넘어 세계 2위 경제대국으로 올라섰다.

그러자 국내외 모든 연구 기관이나 전문가들이 중국 경제가 미국을 추월하는 것은 시간문제라고 앞다퉈 전망했다. 글로벌 1위 패권국가 지위가 중국으로 넘어갈 것이라는 전망들이 쏟아졌고, 심지어는 수년 내에 중국의 GDP가 미국을 추월할 것이라는 예측까지 등장했다. 하지만 나는 전혀 다른 시나리오를 발표했다. 내 예측과 시뮬레이션 결과는 중국의 명목GDP가 미국을 넘어서는 것조차 2050년경에나 가능하고, 최악의 경우에는 영원히 미국을 추월할 수가 없었다. 나는 중국이 앞으로 미국의 견제를 받고, 내부에서 거침없이 부풀어 오르는 부동산 버블의 역풍, 그리고 낮은 임금과 풍부한 노동력을 기반으로 한 제조업의 붕괴, 인구구조의 대변화들이 맞물려 '성장의 한계'라는 덫에 빠질 수 있다고 예측했기 때문이다. 당시 나의 예측에 동의하는 이들은 거의 없었다. 결과는 어땠을까? 2023년 8월 24일, 미국 「월스트리트 저널」은 "중국 경제 정점 도달, 미국 추월 영원히 불가능할 수도"라는 기사를 보도했다. 중국은 일본과 독일의 역사를 반복할 것이고, 미국 추월은 어려운 일이 되리라는 전망이었다. 15년 전에 내가 예측한 내용 그대로였다.

나의 미래 연구 분야는 그 범위가 매우 폭넓다. 국가와 전 인류 단위의 위기와 기회는 물론이고, 미국과 중국 간의 글로벌 패권전쟁부터 국제 정치, 금융 경제를 다룬다. 인공지능, 자율주행 자동차 및 로봇, 나노 및 바이오, 미래 제조업 혁명, 우주 기술, 미래 인간 등 미래의 기술과 산업 방향, 그에 따른 미래 비즈니스 전쟁을 아우른다. 종교와 영성도 아우른다. 초학제 간 연구다.

나는 2010년 발간한 『2020 부의 전쟁 in Asia』라는 예측서에서 '소유에서 접속 경제로 전환', '공급자 중심에서 생태계 중심 비즈니스로 전환', '지식(콘텐츠)과 SW(소프트웨어)가 HW(하드웨어)의 운명을 좌우하는 경제로 전환' 등도 미리 예측했다. 『2030 대담한 미래』 시리즈와 『10년 전쟁』에서는 애플의 전기차 시장 진출 시도와 향후 100년간의 인공지능 발전 단계, 미래 로봇 산업, 개인용 자율주행 수송장치 산업, 4차원 프린터 기술의 도래 등을 정확하게 예측하는 통찰력을 발휘했다. 그때 나는 자동차와 인공지능과 로봇이 결합되는 미래, 4개의 자동차 바퀴에 모터가 각기 들어가 자유자재로 움직이는 미래도 예측했다. 또한 '가상세계의 3단계 변화 시나리오'도 발표했다. 우리 사회는 곧 가상과 현실의 경계가 파괴되는 놀라운 미래를 맞게 될 것이다. 언어의 경계도 깨질 것이다. 나의 예측은 코로나 팬데믹 기간에 '메타버스'라는 용어로 현실화되었다. 지금 들으면 누구나 고개를 끄덕이는 미래예측이지만 당시에는 모든 사람이 말도 안 된다고 이야기하는 주장이었다.

2011년 12월, 김정일이 사망했다. 3일이 지난 후, 나는 김정은이 권력 장악에 성공했고 앞으로 30년 장기 집권의 발판을 마련하는 데 성공했다고 예측했다. 대부분의 전문가와 언론이 김정은의 권력 승계 실패 가능성을 다루고 있을 때였다. 나는 한 발 더 나아갔다. 김정은이 3년 이내에 고모부 장성택을 숙청할 것이라는 예측이었다. 나의 예측은 현실이 되었다. 이제는 정부 기관도 나를 주목하기 시작했다.

나의 세 번째 예측서인 『2030 대담한 미래』는 다양한 곳에서 주목을 받았다. 국내 대다수 기업의 회장, 사장, 이사 등 5060 오피니언 리더들이 다 보았는데, 그때 내 책의 주 독자층이 형성되었다.

앞선 두 권의 책이 독자들의 주목을 받긴 했지만 출판사 대표님과 나는 『2030 대담한 미래』의 판매를 보수적으로 예상했다. 500페이지 이상으로 매우 두껍고, 미중 관계 등 국제정세에 관련된 무겁고 딱딱한 내용을 다루는 데다, 그래프만 600개 넘게 수록되어 있어 읽기 힘들다는 점 등 팔리기 어려운 조건들을 모두 다 갖추고 있었기 때문이다. 하지만 출간 2주 만에 경제경영 부문 베스트셀러에 올랐다. 뜻밖의 반응에 '출판사에서 사재기한다'는 의혹까지 받을 정도였다. "자고 일어나 보니 유명한 사람이 되었다"라는 말이 실감 났다.

신문과 방송 등 언론사에서도 연일 주목을 받았다. 내 예측 시나리오를 인용하는 기사들이 쏟아졌다. 각종 경제경영 잡지사에서 인터뷰 요청이 줄을 이었다. KBS 등 공영방송 다큐멘터리, 〈아침마당〉, 각종 뉴스 및 시사 프로그램, 라디오 방송에 출연했다. 예능에서도 출연 섭외가 들어왔다. 지금은 교수들이 예능에 출연하는 일이 대수롭지 않지만 당시에는 그렇지 않았다. 예능 방송에 나와서 미래예측에 관한 이야기를 하는 교수는 내가 처음이었을 것이다. 나는 말 그대로 '유명인'을 뜻하는 '셀럽celebrity'이 되었다. 기업 강의가 쏟아져 들어왔다. 오죽하면 기업 담당자들이 나더러 방송에 나갈수록 강연료가 올라가니까 방송에 그만 나가주면 안 되겠냐고 부탁을 할 정도였다.

나는 그렇게 2008년 전문 미래학자로 활동을 시작한 이후부터 현재까지 집필한 책이 70권이 넘고, 판매 누적 부수가 수십만 권 되는 베스트셀러 작가가 되었다. 이런 역량을 인정받아 삼성전자 DMC 연구소 자문교수, SUNY Korea(한국뉴욕주립대) 미래연구원 원장, 미래창조과학부 미래준비위원회 위원, 베이비부머 미래구상포럼 민선위원, 보건복지부 저출산고령사회 정책실무위원회 2기 민선위원(위촉), 심평원과 경찰청의 미래전략위원회 위원 등 각종 정부 주도 위원회의 자문으로 활발하게 활동했다. 청와대 비서실, 정부 정보기관, 국방부와 통일부 등에서 자문 요청도 받았다. 전 세계 각국에서 활발히 활동하는 전문 미래학자들의 모임인 세계전문 미래학자협회 이사회 임원으로도 활동했다.

선거철이 돌아오면 대선 출마를 염두에 둔 분들이 나를 찾았다. 급변하는 세계 속에서 미래 한국의 나아갈 길을 묻기 위해서였다. 국내외 기업의 강의 및 자문 요청도 쇄도했다. 국내 30대 그룹을 비롯해서 학계, 정계, 산업계, 지자체 등을 아우르며 연간 300회가 넘는 강의를 요청받았다. 강의비와 인세만으로 1년에 약 8~9억 원의 수입을 올렸다. 일부 그룹에서는 최고경영자가 수천억, 조 단위의 미래 사업에 대한 최종 의사결정을 할 때 나를 불러 자문을 구하기도 했다. 물론 기업들은 나를 만나기 전에 다양한 연구와 분석을 한다. 나에게만 의지하지 않는다. 나를 만나는 이유는 모든 검토를 끝낸 후 마지막으로 미래학자의 통찰을 듣고 확인하기 위해서다. 전문 미래학자의 역할은 다양한 시나리오, 다양한 미래 관점을 제시하는 것이기 때문이다. 그 자리에 소수의 핵심 임원만을 대동하고 나의 시나리오를 들으면서 마지막 판단을 다듬는다. 이런 자리는 자문 비용만으로 3~4시간에 수천만 원을 받는다. 이 모든 일이 나의 40대, 젊은 시절에 일어났다.

나를 뒤돌아보게 한
세 번의 큰 실패

성공했어도, 다시 무너질 수 있다. 연구소를 운영하는 동안 간간이 위기가 여러 번 있었다. 한 번은 미래연구소를 무리하게 확장하다가 큰 위기를 맞기도 했다. 프로그램 개발과 사무실 마련, 직원 수를 늘리는 데 돈을 다 썼기 때문이다. 당시 강남에 있던 연구소는 실평수가 100평이었고, 풀타임 직원과 공부하러 오는 연구원만 약 30명이었다. 민간 연구소가 그 정도로 운영하려면 중견기업 이상이 되어야 했다. 나는 그 일을 겁도 없이 덜컥 시작했다. 하지만 나 같은 강사의 수입은 강의료와 인세가 전부고, 그마저도 정기적이지가 않다. 수입이 많을 때는 많고 비수기 때는 줄어든다. 처음에 그 사실을 잘 인지하지 못해 무리했고, 결국 거의 파산 일보 직전까지 간 것이다. 가장 가까운 사람들에게 배신도 여러 번 당해보았다. 두 번의 세무조사도 받았다. 하지만 나는 무너지지 않았다. 앞선 두 번의 실패 경험에서 얻은 지혜로 잘 버텼다. 하지만 인생은 그리 만만치 않았다. 인생의 세 번째 실패가 찾아온 것이다.

내 인생의 세 번째 실패는 한국에서 10년 이상 미래학자로 활동하다가 사업 확장과 새로운 도전을 위해 미국에 진출하기로 결심한 데서 비롯되었다. 당시 한국의 미래예측 시장은 성장 속도도 너무 느렸고 한계가 있었다. 나는 한국 시장이 마음에 차지 않았다. 기업 상황도 답답하긴 매한가지였다. 경영 컨설팅에는 수억 원을 쓰지만, 미래 시나리오 컨설팅에는 절반의 절반도 쓰지 않았다. 나는 미래예측 분야 시장이 수천억 규모인 미국으로 나가야겠다고 생각했다. 미래학자로서 글로벌하게 활동해봐야겠다는 욕심도 한몫했다. 아울러 당시 나는 번아웃과 함께 찾아온 건강 이상으로 일을 조금 줄여야 하는 상황이기도 했다.

그렇게 한국에서 2년간 준비한 후 영주권을 받아 2018년 중반, 미국에 들어갔다. NIW(고학력 독립 이민) 미국 비자를 받았는데, 미국 국익에 도움이 되는 사람들에게만 내주는 취업비자다. 미국에 진출한 나는 전문 미래학자들의 모임인 세계전문미래학자협회에서 한국인 최초 이사직을 맡아 활동도 시작했다. 미국에서 인공지능 연구 회사도 설립했다. 현재 같은 인공지능 열풍이 불기 5년 전의 일이었다. 나는 미래 연구를 하면서 인공지능에 대한 가능성을 발견했다. 과거 미래예측 분야에서는 통계와 확률을 컴퓨터로 계산해서 정량적으로 예측했다. 나는 몇 년 안에 이 모든 일을 인공지능이 모두 대체할 것이라는 판단이 들었고, 그 미래예측 인공지능을 내가 개발해야겠다고 생각했다. 미국은 창업 투자제도가 잘 발달되어 있어서 집에서 창업을 했다. 많은 빅테크 기업들의 시작처럼, 일명, '창고garage 창업'이었다. 하지만 시기상조였다. 생각이 너무 앞서다 보면, 비즈니스와 타이밍이 어긋난다. 그러면 현금 유동성이 떨어지면서 사업은 망하게 되어 있다. 엎친 데 덮친 격으로, 창업 후 곧바로 코로나19 팬데믹 대재앙이 터졌다. 나의 모든 계획과 사업이 꼬이기 시작했다. 결국 모든 것들이 멈추어버렸다. 그렇게 내 인생의 세 번째 실패가 찾아왔다.

실패가 가진 공통된 단어는 깊은 어둠, 고독, 낮아짐이다. 내게도 낮아짐, 깊은 어둠과 고독이 한순간에 밀려왔다. 실패가 기습하듯 몰려오면 내가 아무리 애를 써도 소용이 없다. 솔직히 내가 세 번의 실패를 경험했다고 하면 다들 깜짝 놀란다. 내가 미래학자니까 어떤 위기든 잘 극복하고 승승장구할 줄 알았는지, 이런 실패의 경험을 말하면 적잖이 당황하곤 한다. 하긴 기업에 미래 전략은 물론 미래 위기에 대처하는 법을 강의하는 사람이 정작 본인은 실패를 세 번이나 경험했다고 하니, 사실 어디 가서 말도 못하고 부끄러웠다. 아내는 이런 내게 늘 농담 반 진담 반으로 이렇게 말한다. "당신은 미래는 알지만 현실은 잘 모른다."

첫 번째 실패가 나를 미래학이라는 학문 분야로 이끌었고, 두 번째 실패가 미래학을 가르치고 미래학 관련 책을 쓰도록 만들었다면, 세 번째 실패는 나를 뒤돌아보게 했다. 나의 세 번째 실패 시기는 내 인생에서 가장 길고 힘들었다. 그리고 가장 고통스러웠다. 절망이 나를 사로잡았다. 설상가상으로 귀에 이명 증상까지 발생했다. 마음도 처참하게 무너졌다. 군대 시절, 유격훈련장에서 계급장과 이름표가 떼어지고 허름한 훈련복만 입고 먼지 펄펄 나는 연병장 한가운데를 이리저리 기어다니는 신세 같았다.

코로나 팬데믹은 전 세계 경제에 엄청난 충격을 가했다. 온 세상을 봉쇄시켰다. 사람들이 출근을 하지 않자, 미국에서는 기업 가치가 470억 달러(한화 약 62조 원)에 달했던 사무실 공유 기업 '위워크'가 경영난에 빠져 파산 보호를 신청했다. 대면 모임이 폐쇄되자 내가 하는 강의 영역도 어마어마한 충격을 받았다. 일부 강사들은 비대면 강의로 새로운 기회를 맞았다. 하지만 나는 달랐다. 내가 하는 기업 강의의 대부분은 임원, 사장단, 회장을 대상으로 하기에 화상으로는 잘 진행되지 않기 때문이다. 그렇게 봉쇄 기간이 길어지며 매출이 급감했다. 설상가상으로, 내가 계속 책을 출간했던 출판사에도 어려움이 생겨서 신규 출판이 지지부진했다. 매출이 급감해도 미국과 한국의 연구소에서 지출되어야 하는 한 달 고정비용은 4,000~5,000만 원씩 됐다. 1년이면 5억이고, 코로나 팬데믹과 엔데믹 기간 총 3년을 버티는 데만 15억 원 이상이 필요했다. 나는 개인적으로 작은 투자회사도 하나 가지고 있었다. 나의 잉여 자금을 미래학 지식을 활용해서 투자하는 회사였다. 코로나 팬데믹 기간, 투자시장은 호황을 누렸다. 나도 600퍼센트라는 놀라운 투자수익률을 올렸다. 하지만 여기서 올린 수익 모두를 매달 나가는 경비 지출을 막는 데 모두 밀어넣어야 했다. 밑 빠진 독에 물 붓기였고 곳간에 쌓이지 않았다.

코로나 사태는 천재지변이고, 모두 겪는 위기라고 나 자신을 위로했다. '이번 고비만 넘기면 된다'고 마음을 굳게 먹고 은행 대출을 최대로 받으며 버텼다. 살아남기 위해, 한국 강남에 있는 사무실을 정리하고 직원들도 모두 퇴사시켜야 했다. 자존심이 땅에 떨어졌지만 내 힘과 능력으로 위기를 돌파할 수 있다며 이를 악물었다. 하지만 틀린 생각이었다. 어리석은 생각이었다. 실패의 풍랑 속으로 빨려들면 밀을 심어도 가시를 거두고, 수고하여도 소득이 없다. 많이 뿌려도 수확이 적고, 먹어도 배부르지 않고, 마셔도 흡족하지 못하고, 입어도 따뜻하지 않으며, 일꾼이 삯을 받아도 구멍 뚫린 전대에 넣는 것처럼 줄줄 새는 일이 벌어진다. 수고하는 모든 일에 어려움이 따르고, 내 노력과 수고로 소득을 얻어도 모래를 움켜쥐는 것같이 모두 빠져나가는 상황을 막을 수가 없다. 많은 것을 바라지만 적게 얻고, 그것을 집으로 가져가도 그것마저 강풍이 불어 날아가 버린다.

2년간의 사회적 거리두기가 끝나자 강의 시장도 다시 열리기 시작했다. 출판도 재개되었다. '죽지 않고 버틴 것이 기적이다. 이제는 살았다' 하며 안도했지만 상황은 다시 급변했다. 또 다른 위기가 나를 기다리고 있었다. 미국 중앙은행이 급격한 기준금리 인상을 시작한 것이다. 한국에도 금리 인상 태풍이 몰아쳤다. '40년 만의 최고 인플레이션'이라는 파도와 중국 경기 침체 등이 들이닥쳤다. 기업들이 다시 움츠러들기 시작했다. 강의 취소가 1억 원어치 넘게 일어났다. 순식간이었다. 나는 미국 사업을 위해 장모님 집을 담보로 대출을 받았었다. 그 집도 강제 경매에 넘겨질 정도로 막다른 골목에 내몰렸다. 나는 그동안 70~80세 되신 양가 부모님의 생활비를 오랫동안 책임져왔는데, 이제 생활비는 고사하고 부모님들이 집을 잃고 길거리로 내몰릴 판이었다. 매일같이 빚 독촉에 시달렸다. 한 출판사는 계약을 취소하고 수천만 원의 선인세를 돌려달라고 압박했다. 그때 막내아들이 했던 "우리 이제 망한 거야?"라는 말이 아직도 기억에 생생하다. 그래도 침착함을 잃지 않으려 노력했다.

절박한 마음, 심히 두렵고 답답한 마음으로 나는 배수진을 쳤다. 나름 최악의 상황까지 대비하는 치밀한 계산을 해봤다. 위기를 벗어나기 위해 모든 방법과 생각, 계산, 예측을 총동원했다. 미국에서 공부를 하고 있는 대학생 첫째와 둘째에게는 휴학을 하고 돈을 벌게 했다. 고등학생인 셋째와 넷째에게는 아르바이트를 해서 가정 생활비를 보태야 한다고 부탁했다. 감사하게도, 모든 아이들이 가정 형편과 위기를 이해하고 한마디 불평도 없이 나의 부탁을 들어주었다. 아이들이 한마디 불평도 하지 않으니 오히려 부모로서 마음이 더 아팠다. 무엇보다 아내에게 가장 미안했다. 나 때문에 세 번이나 실패의 경험을 같이 겪었으니 말이다.

다가올 최악의 상황을 염두에 두고 배수진을 치고 한국으로 되돌아오는 비행기를 탔다. 비행기에 앉아 내 신세를 생각하니 하염없이 눈물이 났다. 서러운 눈물이 계속 흘렀다. 30여 분을 울고 나니, 지난 과거의 수고와 노력이 생각나면서 내 생애 처음으로 '이제 그만 쉬고 싶다'는 생각이 들었다. 마음이 무너지는 순간이었다. 골리앗을 물맷돌 하나로 쓰러뜨렸던 다윗도 전쟁에서 패해 도망다니면서 이렇게 말했다. "내 활과 칼이 나를 구원하지 못하는구나. 많은 군대로 구원을 얻은 왕이 없으며 용사가 힘이 세어도 스스로 구원하지 못하는구나." 그렇다. 내가 수십 년간 공부하고 연구해서 쌓아올린 지식, 사람들에게 탁월하다 평가받은 지식, 지혜, 예측도 나를 구하지 못했다. 너무 비웃지 말라. 120세를 살아야 하는 시대에서 누구나 예외 없이 이런 상황을 한 번은 만나게 된다.

마음이 한번 무너지자, 나는 작은 충격에도 흔들리는 약한 사람이 되어 있었다. 마음이 심히 약해져서 그 누구의 전화도 받기 힘들었다. 사람들을 피했다. 내 짐이 너무 큰데, 행여 누군가의 걱정이나 짐을 하나라도 내 마음에 더 얹으면 와르르 무너질 것만 같았다. 밤이 늦도록, 이른 새벽마다 마음에 켜켜이 쌓여가는 근심으로 탄식하며 몸부림쳤다. 그러면서 수없이 생각했다. "왜 나에게 이렇게까지 가혹한 상황이 일어났을까?"

앞서 내 인생의 세 번째 실패는 나를 뒤돌아보게 했다고 고백했다. 어느 날 문득, 이대로 무너질 수 없다는 생각이 들었다. 두려운 것도, 괴로운 것도 사실이다. 내가 이 상황을 벗어나고 싶다고 해서 당장 벗어날 수 있는 것도 아니었다. 사업은 실패했고 돈은 잃었지만 마음마저 무너지게 놔둘 수 없었다. 돈은 잃었지만 실패를 함께 극복하자고 말하는 사랑하는 아내가 있고 네 명의 아이들이 있지 않은가. 다행히 그들이 건강하지 않은가. 나도 건강하다. 심지어 남은 인생이 아직도 50년은 더 되지 않는가.

그렇다. 성공은 나를 높이고 부유한 생활을 맛보게 했다. 하지만 나를 흐트러지게도 만들었다. 삶의 긴장감을 느슨하게 만들고 없어질 것에 눈이 가게 했다. 실패는 나를 고통스럽게 했지만 진정한 것, 가장 소중한 것에 마음을 집중하게 했다. 그렇게 나는 실패와 고난을 통해 진짜 중요한 것이 무엇인지 알게 되었다. 실패가 아니면 결코 깨달을 수 없는 것을 배웠다. 실패로 인해, 어쩔 수 없이 다 내려놓게 되면서 인생을 다시 성찰할 기회를 얻었다. 남은 인생을 이전보다 더 훌륭하게 살 수 있는 준비를 다시 해야겠다고 마음먹었다. 마음이 여기까지 이르면, 실패는 피하고 싶은 고난과 고통이지만 그래도 유익이 된다. 이런 것이 바로 '실패와 맞서 싸워 이김'이다. 바닥까지 떨어지자 오히려 마음이 편해졌다.

메이저리그의 전설적인 홈런왕 베이브 루스는 "Every strike brings me closer to the next home run"이라는 유명한 말을

남겼다. "모든 삼진은 나를 다음 홈런에 더 가까이 가게 해준다"라는 의미다. 베이브 루스는 홈런을 많이 친 만큼 삼진도 많이 당했다. 인간사에서 위대한 성과를 이룬 사람치고 그에 상응하는 위험, 고난, 실패를 경험하지 않은 사람은 없다. 루스에게 삼진은 또 다른 홈런을 치는 방법을 배우는 시간이었다. 나에게도 마찬가지였다. 그리고 이 진리는 누구에게나 마찬가지다.

　세 번째 실패 이후, 내 인생이 어떻게 되었는지 묻고 싶을 것이다. 감사하게도 나는 다시 일어섰다. 그리고 이전보다 더 큰 지혜를 얻고 더 단단해졌다. 물론, 남은 인생이 아직 많기에 앞으로 네 번째, 다섯 번째 실패가 올 수도 있다. 그래도 나는 무너지지 않을 것이다. 세 번의 실패와 싸워 이겼듯, 또 다른 실패들과도 싸워 이길 것이다. 포기하지 않을 것이다. 그러니 누구도, 절대 포기하지 말라. 실패와 싸워 이겨라. 실패와 싸워 이길 때마다 우리의 미래를 단단하게 만드는 힘이 축적된다.

차근차근 실패를 정리하고 다시 시작하라

미래를 단단하게 준비하는 힘은 '마음'에서 시작된다. 그리고 실패에서 얻은 '지혜'에서 나온다. 지금부터는 내가 실패에서 얻은 지혜에 대한 이야기를 해보도록 하겠다. 내가 세 번의 실패에서 얻은 첫 번째 지혜는 바로 '차근차근'이다.

실패했는가? 당황하지 말라. 차분히 정신을 가다듬고 마음을 지켜라. 그리고 마음을 단단히 먹고 '차근차근' 실패를 정리하라. 필요하면 개인회생이든 파산이든 법적인 보호도 받으라. 실패가 또 다른 실패를 낳도록 방치하지 말라.

주식투자에는 '손절매'라는 말이 있다. '손해를 보고 판다'라는 의미다. 투자자가 주식이나 다른 금융 상품을 구매했을 때, 그 가격이 예상과 달리 하락하여 손실이 발생하게 되면, 더 큰 손실을 방지하기 위해 손해를 감수하고 해당 자산을 처분하는 것을 말한다. 손절매는 투자자가 미리 정한 가격이나 조건에 도달했을 때 실행되며, 이는 투자 손실을 제한하고 자본을 보호하는 데 중요한 역할을 한다. 투자에는 늘 손실의 위험이 따른다. 천하의 워런 버핏도 2008년 글로벌 금융위기, 2020년 코로나19 발발 시기에 큰 손실을 봤다.

사업도 인생도 늘 손실의 위험이 있다. 그래서 '손실'은 허물이 아니다. 무능도 아니다. 하지만 '손절매'를 하지 못하는 것은 허물이다. 잘못이고 무능이다. 주식시장에서 결국 수익을 얻는 사람은 '손절매'를 잘한다는 공통점을 가지고 있다. 손설매는 투자자가 시장의 불확실성 속에서도 자신의 투자를 효과적으로 관리하고 장기적인 성공을 도모하기 위한 기본 요소이기 때문이다. 전쟁에서 최종 승리를 하려면 이기는 법보다 물러날 때를 아는 게 더 중요하다는 것과 일맥상통한다. 주식시장, 전쟁, 사업, 인생에서 손절매는 재기를 위한 필수 조건이며 능력이다. 손절매는 다시 일어서고, 다시 반격할 수 있는 최소한의 힘을 보호하는 장치이자 지혜이기 때문이다.

그래서 실패에도 '손절매'가 중요하다. 내가 '차근차근' 실패를 정리하라고 조언하는 것은 '손절매'를 말한다. 주식시장에서 손절매를 결정하는 데는 여러 가지 요소가 영향을 미칠 수 있다. 예를 들어 투자자 개인의 위험 감수 능력, 시장의 변동성, 특정 주식이나 자산에 대한 전망 등을 고려한다. 손절매는 결코 감정적 결정이 아니다. 매우 전략적인 결정이며 신중한 계획하에서 이루어진다. 실패의 손절매도 마찬가지다. 내 능력을 넘어섰는가? 세상의 변동성이 견디기 힘들 정도가 되었는가? 현재의 사업에 대한 전망이 불투명한가? 그렇다면 손절매를 해야 한다. 이것은 수치스러운 일도, 부끄러운 일도, 무능한 선택도 아니다. 전략적 결정이다. 또한 신중하고 차근차근 계획하에서 시행해야 하는 중요한 행위다.

차근차근 실패를 정리했다면, 그다음에는 '차근차근' 다시 일어서기를 시작하면 된다. 차근차근 내게 남아 있는 것이 무엇인지 찾아보고 계산해보라. 지금 우리 손에 무엇이 남아 있는가는 상황에 따라 그리고 사람에 따라 각기 다를 수 있다. 하지만 누구에게나 공통적으로 그리고 예외 없이 남아 있는 것이 있다. 바로, 시간이다. 내가 실패에서 얻은 두 번째 지혜는 '시간의 힘을 사용하여 다시 일어서기를 차근차근 하면 된다'이다. 다음 장에서는 시간의 힘을 사용하는 법에 대해 이야기를 나눌 것이다.

2
장

미래를 단단하게 만드는 미래학자의

첫 번째 도구:
시간과 복리의 힘

THREE TOOLS OF THE FUTURIST

'시간' 그 자체가 주는 기회를 잡아라

"시간의 힘은 생각보다 크다"라는 말을 들어보았을 것이다. 이 말의 의미를 지금부터 설명하겠다. 먼저, 우리에게 주어진 시간을 한번 헤아려보자. 1900년대 한국인의 평균수명은 36~40세였다. 그러다 1960년에는 평균수명이 52세로 늘었다. 1992년에는 평균수명이 71세로 늘었고, 2022년에는 평균수명이 83세에 이르렀다. 요즘 어르신들 사이에 이런 농담이 돈다고 한다.

"이제 100세 시대고, 재수 없으면 120세를 산다."

그렇다. 농담이 아니다. 우리는 곧 120세 시대를 살게 될 것이다. 다음에 나오는 그래프를 보자([표 1]). 한국인의 평균수명이 증가하는 추세를 정리한 표다. 1950년 이후, 한국인의 평균수명은 평균 상승 추세를 넘어서는 극적인 상승 단계를 세 번 정도 겪었다. 박스로 표시해놓은 부분이다. 1952~1959년 구간은 6·25전쟁이 끝나고 사회 안정이 원인이었다. 1960~1970년은 국가 차원에서 현대적 보건 시스템이 구축되기 시작한 때였다. 1980~2000년은 한국 사회의 의학기술이 이전보다 크게 향상된 것이 원인이었다. 즉, 현대인의 평균수명은 경제 및 사회발전이 진행되는 동안 서서히 향상됐다. 하지만 특정한 시기에 극적인 요소를 만나면 평균치 이상의 상승이 일어난다. 대략 13~20년 정도의 평균수명 추가 상승이 일어나는 것이다.

[표 1] 한국인의 평균수명 증가 추세

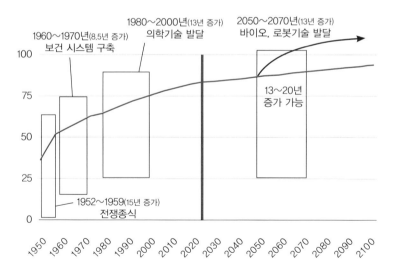

나는 2050~2070년경이면 인공지능, 바이오 및 나노기술, 로봇기술 등의 극적 요소로 인해서 제4차 평균수명 추가 상승기가 올 것이라고 예측한다. 우리는 지금 암 등 인간의 불치병과 난치병을 고치고, 노화를 늦추고 생명을 연장하는 '미래기술'이라고 불리는 것들의 혜택 없이도 100세 시대에 도달했다. 앞으로 이런 꿈의 기술들이 상용화되어 질병 치유와 생명 연장의 혜택이 발휘되기 시작하면 120세 시대는 말 그대로 현실이 된다.

이제 진지하게 120세 시대를 생각해보자. 정말 120세를 사는 시대는 저주일까? 재수 없는 일일까? 나는 미래학자로서 확신을 갖고 말한다. 오래 사는 것은 저주가 아니다. 인생 120세는 '축복'이다. 누군가는 "내 손에 쥔 것이 아무것도 없는데 그게 무슨 축복이냐, 저주지!"라고 되받아치고 싶을지도 모른다. 하지만 그렇지 않다. 다시 말하지만 120세 인생은 축복이다. 내가 120세 인생이 축복이라고 하는 이유는 '시간의 힘' 때문이다. 시간의 힘으로 할 수 있는 일이 우리에게는 아주 많다. 첫째, 아직 시간이 많이 있기 때문에 얼마든지 차근차근 다시 일어설 수 있다. 실패에서 일어나는 데는 '시간'이 필요하다. 그것도 상당한 시간이 필요한 일이다. 내일 당장 죽는다면 나라도 다시 일어날 수 없다. 하지만 앞으로 50년이 더 남았다면? 누구라도 다시 일어설 수 있다. 시간 그 자체가 주는 기회라고 보면 된다. 시간의 힘으로 할 수 있는 두 번째 일은 '돈을 다스릴 수 있다'는 것이다.

돈을 다스리는 것은 시간이다

자본주의 사회에서 오래 살기 위해서는 '돈'이 필요하다. 그런데 돈을 다스리는 가장 강력한 힘이 바로 '시간'이라는 사실을 아는가? 지금부터 시간이 어떤 원리로 돈을 다스리는지를 설명해보도록 하겠다.

은퇴 후 50년간의 생활비용(110세 장수 수명), 45~50세부터 경제적 자유 얻기(20세 파이어족), 자녀의 미래 준비(대학 비용, 결혼 비용, 꿈을 이룰 재정 준비, 은퇴 준비 등)는 이 시대를 살아가는 사람들의 최대 고민거리다. 이 문제를 해결하는 확실하고 간단한 방법이 있다. 바로 시간의 힘을 극대화하는 '복리 8퍼센트 기적의 열차'에 올라타면 된다.

다음 표를 살펴보자([표 2]). 40세 투자자 최기적 씨가 1억 원을

'20년'이라는 시간 동안 '연복리 8퍼센트'의 복리 수익을 내는 투자 상품에 묻어두었다. 그 결과 최초 투자금 1억 원은 59세 연말에 4억 6,609만 5,714원으로 불어났다. 최기적 씨는 그다음 해, 은퇴가 시작되는 60세 1월부터 자신의 투자 계좌(466,095,714원)에서 매월 300만 원씩만 생활비로 꺼내 쓰고(1년 3,600만 원), 나머지 투자 잔고는 계속해서 연복리 8퍼센트 수익을 내는 투자 상품에 그대로 묻어두었다.

아래 계산표를 보면, 110세(장수 수명)까지 매월 생활비 300만 원씩을 꺼내 쓰고도, 자녀에게 6억이 넘는 투자 잔고를 유산으로 물려주는 '기적'이 일어났다.

[표 2] 8퍼센트의 능력

투자 기간	복리수익률	투자 계좌 잔고 ①	생활비 출금 ②	최종 투자 잔고 (①-②)
	8%	100,000,000		100,000,000
10	8%	215,892,500		215,892,500
20	8%	466,095,714		**466,095,714**
21	8%	503,383,372	**36,000,000**	467,383,372
30	8%	520,749,440	36,000,000	484,749,440
40	8%	561,021,435	36,000,000	525,021,435
50	8%	647,965,651	36,000,000	**611,965,651**

2024년 기준, 월 소득 194만 원인 직장인이 매달 국민연금 보험료 17만 원씩을 30년간 내면 얼마를 받을까? 매달 70만 원 정도다. 194만 원 정도의 월급은 2024년 기준으로 1인 가구 기준 중위소득이다. 이들의 국민연금 월 보험료는 소득의 9퍼센트인 17만 4,600원(이 중 절반은 회사가 부담)이다. 이들 가입자가 10년을 꼬박 납부하면, 노후에 매달 23만 7,150원을 받는다. 20년을 납부하면 46만 8,230원, 30년을 부으면 69만 9,320원을 수령할 수 있다. 2인 가구 기준 중위소득인 326만 원을 기준으로 계산해보자. 매월 내야 하는 국민연금 보험료는 29만 3,400원이다. 10년을 납부하면 30만 4,880원을 매달 받는다. 20년을 납부하면 60만 1,970원, 30년을 부으면 89만 9,050원을 받을 수 있다.

국민연금연구원은 '2021년 기초연금 수급자 실태 분석'에서 전국 기초연금 수급자 2,000명에게 물었다. "자신이 생각하는 최소 생활비는 얼마인가?" 이들이 응답한 최소 생활비는 1인 기준으로 80만 6,000원, 부부 기준으로는 134만 4,000원이었다. 적정 생활비를 묻자 개인 기준으로는 114만 2,000원, 부부 기준으로는 184만 8,000원이라고 응답했다. 2024년 기준, 월 소득 194만 원인 직장인이 30년 뒤 받을 수 있는 노령연금 금액 약 70만 원(1인 기준)과 90만 원(부부 기준)은 이에 한참을 못 미친다.

공무원연금은 국민연금보다 연금 수령액이 더 높은 것으로 알려져 있다. 연금 납부 비율이 다르기 때문이다. 국민연금은 급여의

9퍼센트를 사업자와 가입자가 4.5퍼센트씩 부담한다. 반면에 공무원연금은 급여의 18퍼센트를 국가와 공무원 본인이 9퍼센트씩 부담한다. 국민연금의 두 배다. 물론, 국가가 지원하는 것도 두 배다. 여기에 평균 가입 기간도 국민연금보다 더 길다. 이런 구조이기 때문에 연금 수령액이 높다. 5급 공무원(서기관)을 기준으로 10년을 근무하면 예상 수령액은 83만 원이 된다. 20년을 불입하면 166만 원, 30년을 불입하면 276만 원, 최대 40년을 납부하면 419만 원을 받는다.

국민연금공단이 공개한 '2022년 국민연금 통계연보'를 보면, 국민연금 가입자는 2,250만 명, 국민연금 수급자는 667만 명이다. 부부 합산 연금 수령액 최고치는 월 469만 원이다. 2023년 기준으로 기금 적립금은 1,084조 7,920억 원이다. 지금은 국민연금 수급자보다 가입자가 많으니, 2040년까지는 기금 적립금이 1,755조 원까지 계속 늘어난다. 하지만 2041~2055년까지 연평균 117조 원씩 소진되어서 2050년대 중반이면 기금이 0원이 된다. 심지어 매 정부마다 인프라 사업을 위해 막대한 국채를 발행해서 빚을 늘려가고 있다. 이렇게 정부가 발행한 부채를 많이 담당하고 있는 곳 중 하나가 국민연금관리공단이다.

현재까지 국민연금관리공단이 산 정부 발행 국채 금액이 2022년 말 기준으로 130조 원이다. 정부가 국민연금관리공단에 이 빚을 갚지 않으면 기금 적립금 고갈 시기는 더 빨라질 것이다. 물론 국민연금 적립금이 완전 고갈되어도 정부는 수급자에게 매월 연금 지급을 할 수 있다. 이것을 '부과식'이라고 부른다. 2050년대 중반부터 현직에서 일하는 사람이 매달 낸 국민연금 월 보험료 '전부'를 국민연금 수령자에게 '즉시' 그리고 '모두' 넘겨주는 방법이다. 정확히 말하면, 현직에서 국민연금을 내는 사람보다 수령자가 더 많으니, 그 나머지 모자라는 금액은 정부가 빚을 내서(국채를 발행해서) 대신 내준다.

다시, 시간의 힘으로 되돌아가보자. 40세 투자자 최기적 씨는 부부가 5,000만 원씩 1억 원을 만들어 이를 '20년'이라는 시간 동안 '연복리 8퍼센트'라는 복리 수익을 내는 투자 상품에 묻어두는 방법을 사용했다. 최기적 씨는 은퇴가 시작되는 60세 1월부터 자신의 투자 계좌(466,095,714원)에서 매월 300만 원씩만 생활비로 꺼내 쓴다. 1년이면 3,600만 원이다. 그것도 110세(장수 수명)까지 매월 생활비 300만 원씩을 꺼내 쓸 수 있다. 이는 2024년 기준, 월 소득 194만 원인 직장인이 매달 국민연금 보험료 17만 원을 30년간 불입하고 매달 받는 69만 9,320원의 4.29배다. 2인 가구 기준 중위소득자 부부(326만 원)가 30년을 부어서 받는 89만 9,050원의 3.34배인 금액이다. 5급 공무원(서기관)이 30년간 불입하여 받는 276만 원보다도 많다.

심지어 이렇게 50년을 매달 300만 원씩 꺼내 쓰고도, 자녀에게 6억이 넘는 투자 잔고를 유산으로 물려주는 '기적'이 일어난다. 이 지혜로 국가와 개인, 자녀 모두 파국을 막을 수 있다. 나는 이것을 '시간으로 돈을 다스리는 지혜'라고 부른다. 그리고 이런 방식의 은퇴 준비를 '투자연금' 혹은 '금융연금'이라고 부른다.

금융연금, 기적의 원리

최기적 씨가 얻은 기적의 원리는 간단하다. 시간의 힘과 복리의 힘이 손잡고 만드는 '기하급수적 성장'의 기적이다. 많은 사람이 투자 성과는 '종잣돈'의 규모에 달려 있다고 생각하는데 그렇지 않다. 투자 성과의 핵심은 '시간'과 '복리수익률'이다. 다음에 나오는 [표 3]은 1만 원을 단리 4퍼센트짜리(연이자 400원) 적금통장과 연평균 복리 4퍼센트 수익률을 내는 투자 상품에 넣어두었을 때의 차이를 비교한 것이다. 단리 4퍼센트짜리 적금통장은 매년 이자 400원씩을 수령하게 되어 10년 후에는 14,000원으로 잔고가 불어난다. 반면, 연복리 4퍼센트의 수익을 꾸준하게 내는 투자 상품은 10년 후가 되면 14,800원으로 투자 잔고가 불어난다. 10년간 둘의 차이는 800원이다. 같은 방식으로 50년 후가 되면 둘 간의 차이는 4,000

[표 3] 단리 4퍼센트와 복리 4퍼센트의 차이

투자 기간	단리 4%	복리 4%	차이
원금	10,000원	10,000원	0
10년	14,000원	14,800원	800원
20년	18,000원	21,900원	7,100원
30년	22,000원	32,400원	10,400원
40년	26,000원	48,000원	22,000원
50년	30,000원	71,100원	41,100원

원(800원×5)이 될까? 아니다. 둘 간의 차이는 41,100원으로 늘어난다. 10.3배 차이가 나는 것이다.

아래 [표 4]는 1만 원을 단리 8퍼센트짜리(연이자 800원) 적금통장과 연평균 복리 8퍼센트 수익을 내는 투자 상품에 넣어두었을 때의 차이를 비교한 것이다. 단리 8퍼센트짜리 적금통장은 매년 이자 800원씩을 수령하게 되어 10년 후에는 18,000원으로 잔고가 불어난다. 반면, 연복리 8퍼센트씩 수익을 꾸준하게 내는 투자 상품은 10년 후가 되면 21,600원으로 투자 잔고가 불어난다. 10년간 둘의 차이는 3,600원이다. 같은 방식으로 50년 후가 되면 둘 간의 차이는 18,000원(3,600원×5)이 아니다. 둘 간의 차이는 419,000원으로 늘어난다. 10배가 넘는 23.3배 차이다. 그런데 지금 현실에서는 단리 8퍼센트짜리 적금도 사라진 지 오래다.

[표 4] 단리 8퍼센트와 복리 8퍼센트의 차이

투자 기간	단리 8%	복리 8%	차이
원금	10,000원	10,000원	0
10년	18,000원	21,600원	3,600원
20년	26,000원	46,600원	20,600원
30년	34,000원	100,600원	66,600원
40년	42,000원	217,200원	175,200원
50년	50,000원	469,000원	419,000원

현실에서는 단리 8% 적금이 없음

단리單利, simple interest의 사전적 정의는 "일정한 시기의 원금에 대해서만 약정한 이율을 적용하여 이자를 계산하는 방법"이다. 매년 발생하는 이자는 원금에 합산되지 않기 때문에 이자에 대한 이자가 발생하지 않는다. 즉 단리는 선형적 증가를 한다. 선형적線形, line shape이란 '직선line' 모양을 뜻한다. 단리는 산술급수算術級數, arithmetic series 증가 모양을 보인다.

복리複利, compound interest는 중복된다는 뜻의 한자어 복複과 이자를 의미하는 리利가 합쳐진 단어다. 복리의 사전적 정의는 "매년 원금에 대해 발생한 이자를 모아 원금에 가산시킨 후, 이 합계액을 새로운 원금으로 계산하여 이자를 계산하는 방법"이다. 매년 발생하는 이자가 원금에 합산되기 때문에 이자에 대한 이자가 발생한다. 다시 말해 복리는 비선형적 증가를 한다. 비선형적非線形, non-

70

[표 5] 복리와 단리 성장 비교

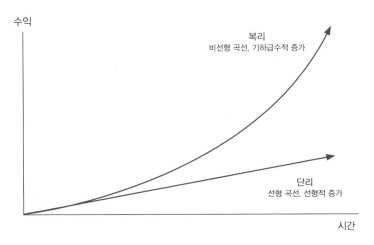

linearity shape이란 '곡선curve' 모양을 뜻한다. 복리는 기하급수幾何級數, geometric series 혹은 등비급수等比級數 증가 곡선 모양을 보인다. 위 그래프([표 5])는 단리와 복리의 증가를 비교한 것이다.

경제발전 단계에 따른
돈을 다스리는 지혜

나는 자본주의 시대에서 경제성장기 단계에 따른 생활과 은퇴 준비의 변화 양상을 가르칠 때 이렇게 말한다. 대부분의 자본주의 사회는 경제발전 양상과 개인이 돈을 모으는 양상이 '동조화'되어 있다고 말이다. 즉 경제발전 단계가 변할 때마다 돈을 다스리는 지혜, 부자가 되는 지혜도 달라진다. 시간의 힘과 복리의 힘을 사용하는 지혜가 달라지기 때문이다. 다음에 나오는 [표 6]을 보자. 한국 경제성장률과 기준금리 추이를 비교 분석한 자료다. 먼저, 경제성장기는 5단계로 나눌 수 있다. 성장시작기, 고성장기, 중성장기, 저성장기, 제로성장기다.

성장시작기와 고성장기에 개인이 부자가 되려면 소득 효과 우위전략을 사용해야 한다. 이 시기는 한 나라의 경제가 막 일어서기 시작하는 때라서 일자리가 계속 증가하고 월급도 빠르게 상승한다. 물가도 높지만 물가 상승을 넘는 소득 효과가 발생한다. 그래서 이 시기에는 시간의 힘을 '소득 효과'에 사용해야 한다. 오랫동안 일하는 것에 시간의 힘을 사용해야 한다는 의미다. 은퇴 준비를 하려면, 소득 효과(월급 소득)에서 얻은 부를 아끼고 '저축'이라는 방법을 사용해서 자산 효과를 만들어야 한다. 복리의 힘을 '저축'에 사용하는 셈이다.

이때 '복리 적금'이라는 지혜를 발휘하면 가장 좋다. 이 시기에 부자가 되었던 사람들은 매달 일정 금액을 빼서 '복리 적금'을 들고, 적금 만기가 되면 그것을 한 푼도 쓰지 않고 또 다른 '복리 적금'에 부었다. 이것을 반복하면 부자가 된다. 복리의 힘과 시간의 힘을 같이 쓰는 방식이다.

이러한 성장시작기와 고성장기에는 연복리 30퍼센트가 넘는 수익을 보장하는 적금 상품이 흔했다. 심지어 단리로 50퍼센트 이자 수익을 약속하는 금융 상품도 있었다. 은행들이 미치지 않고서야 이런 말도 안 되는 높은 이자 수익을 보장해준다고? 미친 게 아니다. 1960년대 후반부터 정부는 경제발전에 필요한 돈을 끌어 모으기 위해서 기준금리를 27~28퍼센트까지 끌어올렸다. 두 가지 목적이었다. 치솟는 물가를 잡기 위한 목적, 그리고 개인이 돈을 빌리기보다는 은행에 맡기도록 유도하는 정책을 구사했기 때문이다. 중앙은행의 기준금리가 27~28퍼센트를 기록하자 시중은행은 예

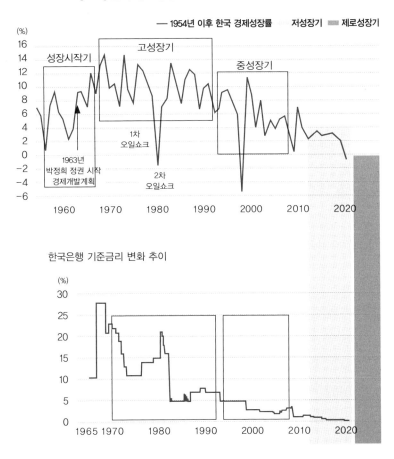

[표 6] 한국 경제성장률과 기준금리 추이 비교 분석

— 1954년 이후 한국 경제성장률　　저성장기　▉제로성장기

(%)

성장시작기

고성장기

중성장기

1963년
박정희 정권 시작
경제개발계획

1차
오일쇼크

2차
오일쇼크

한국은행 기준금리 변화 추이

(%)

금자에게 단리 30퍼센트가 넘는 이자를 줄 수 있었다. 이런 때에는
소비를 줄이고 돈을 모아 은행에 맡겨두면 매년 단리로만 30퍼센
트가 넘는 자산증식이 가능하다. '복리' 상품에 가입하면, 은퇴 준비

는 더 빨라지고, 더 쉬워진다. 그래서 이 시기에는 '아끼고 돈을 모아서 복리 적금에 가입하는 것'이 부자 되는 첫 번째 방법이었고, 상식이었다.

중성장 단계에 진입하면, 개인이 부자가 되는 전략과 은퇴 준비 방법이 달라진다. 한 나라의 경제가 중성장 단계에 진입하면 소득 효과는 감소한다. 일자리 증가 속도가 줄어들거나 멈춘다. 한국의 경우에는 이 시기에 외환위기도 맞았다. 고용의 안정성도 무너지고 평생직장 개념도 없어지기 시작한다. 그래서 시간의 힘을 '소득 효과'에 사용하기 어려워진다. 고물가 시대가 끝나면서 복리 적금도 사라진다. 정부가 경제의 급격한 추락을 막기 위해 기준금리를 낮추기 때문이다. 중앙은행의 기준금리가 낮아지니 시중은행도 고금리 '복리 예금상품'을 줄줄이 없앨 수밖에 없다. 단리 상품도 이자율이 낮다. 은행에 예금해서 부자가 되었다는 신화도 사라진다. 복리의 힘을 더 이상 '저축'에 사용할 수 없어지는 것이다. 은퇴 준비에도 빨간불이 켜진다.

하지만 이 시기가 되면 중산층도 늘어나고 삶의 질 향상에도 관심을 쏟는 분위기가 형성된다. 그러면서 '더 좋은 집, 더 큰 집'에 대한 수요가 폭발한다. 정부도 경제성장률을 견인하기 위해 건설산업에 대한 투자와 지원을 크게 늘린다. 이렇게 해서 '부동산 붐', '부동산 가격 상승 추세'가 발생하게 된다. 부동산의 수요와 투자 및 구매 지원이 늘어나면서 부동산 가격이 하루가 멀다 하고 상승하면,

부동산을 투자 수단, 자산증식 수단, 은퇴 준비 수단으로 생각하는 새로운 현상이 만들어진다. 그래서 이런 시기에는 '아끼고 돈을 모아서 부동산을 구입하는 것'이 부자 되는 첫 번째 방법이고 상식이 된다. 시간의 힘과 복리의 힘을 모두 '부동산'에 쏟아붓는 셈이다.

[표 6]에 표시해두었듯 한국경제는 2010년대에 접어들면서 '저성장기'에 진입했다. 저성장기라고 하면, 경제성장률이 2~3퍼센트 내외를 배회하는 상황을 말한다. 수출경쟁력도 약화되고, 일자리 문제가 심각해지고, 부의 불균형 문제도 커진다.

저성장 단계에 진입하면 개인의 부자 되는 전략과 은퇴 준비 방법이 다시 한 번 달라진다. 소득 효과가 미미하거나 사라져버리고, 일자리 불안정성도 커져서 시간의 힘을 소득 효과에 사용하는 것이 불가능해지기 때문이다. 어쩔 수 없어 자산 효과를 우위 전략으로 구사해야 하지만 시간의 힘과 복리의 힘을 부동산에 쏟아부어도 예전만큼 큰 효과를 내지 못하기 시작한다. 중성장기에 익숙했던 '부동산 투자'로 돈을 벌거나 은퇴를 준비하는 방식이 더 이상 통하지 않는다. 일부 고가의 부동산을 제외하고는 대부분의 부동산이 상승과 하락을 반복하거나 지속적으로 가격 하락을 시작하기 때문이다.

나의 경험에 따르면, 안정적인 미래 준비를 위해서는 내가 가진 '잉여 자산(돈)'이 평생토록 '연복리 8퍼센트'의 수익률을 기록하며 자라나야 한다. 참고로 자산資産, asset은 개인이나 법인 등 경제 주체가 소유하고 있는 유형, 무형의 유가치물^{有價値物}이다. 당신이나 타인에게 가치가 있는 유·무형의 사물이나 물건이 곧 자산이다. 돈은 대표적인 자산 중 하나다. 한 나라의 경제가 매년 일정한 수준의 성장률을 기록하듯, 한 개인의 잉여 자산(돈)도 매년 일정한 수준으로 '스스로' 성장해야 한다. 그것도 최소 8퍼센트 연복리 성장률이 마지노선이다.

저성장기에 오직 부동산 하나에 내 미래를 책임질 잉여 자산(돈)을 묻어두는 전략이 위험한 이유도 이와 같다. 저성장기에도 계속 상승하는 부동산 물건이 나오긴 한다. 하지만 연복리 8퍼센트의 효과를 낼 수 있는 수익성 있는 부동산의 규모는 한정적이다. 수익을 내도 연복리 8퍼센트를 못 내는 물건이 더 많다. 심지어 부동산 투자를 잘못하게 되면 어렵게 아껴서 모았던 돈을 잃게 되는 최악의 상황도 발생할 수 있다. 2024년 현재, 우리가 지금 이런 시기를 살고 있다. 그래서 이런 시기에는 '아끼고 돈을 모아서 부동산을 구입하는 것'이 부자 되는 첫 번째 방법이 되지 못한다. 은행에 저금하는 것도 시간의 힘과 복리의 힘을 발휘하지 못한다. 은행에 돈을 맡겨놓으면, 물가상승률이 은행에서 주는 쥐꼬리만 한 이자보다 높아서 돈의 값어치가 떨어진다. 이 시기에 은행에 돈을 저축하는 것은 소비를 줄여서 돈을 모아두는 효과가 전부다. 이 시기에는 최대한 아껴서 돈을 모아야 하지만 시간의 힘과 복리의 힘을 발휘할 새로운 '무언가'를 찾아야 한다.

2023년 12월 9일 통계청과 한국은행, 금융감독원이 발표한 '2023년 가계금융복지조사 결과'에 따르면 한국 국민의 예상 은퇴 연령은 68.1세였다(이것은 직장 은퇴가 아니다. 더 이상 일을 할 수 없는 실질 은퇴 연령이다). 2023년 3월 기준, 전체 가구 중 가구주가 은퇴하지 않은 가구는 83퍼센트로 집계됐다. 이들 중에서 노후 준비가 '잘돼 있다'고 답변한 가구는 7.9퍼센트에 그쳤다. 이 가운데 '아주 잘돼 있다'고 응답한 가구는 1.0퍼센트에 불과했고, '보통이다'라고 답변한 가구는 38.2퍼센트였다. 은퇴 후 부부의 최소 생활비는 231만 원, 노후를 즐기기에 적정한 생활비는 324만 원이었다.[2] 한 조사에서는 "월급과 같은 매월 현금흐름 300만 원(연간 3,600만 원)이 나오려면, 현금으로 얼마 정도의 노후 자산을 가지고 있어야 할까?"라고 질문을 던졌다. 결론은 자산이 유지되는 조건으로 보면 연 4퍼센트 수익률만큼의 금액을 매달 찾아 쓴다는 조건으로 9억 원 정도였다.[3]

정리하면, 한국경제는 이미 '저성장기'에 접어들었고, 머지않아 일본처럼 '제로성장기'에 빠질지 모른다. 이런 상황에서 한국인의 예상 은퇴 연령은 68.1세, 노후를 즐기기에 적정한 생활비는 324만

---

2   곽선미, "이상과 현실 간극…'은퇴 후 생활비 月324만 원'인데, 54퍼센트 '아직 준비 덜 돼'", 문화일보, 2023. 12. 10.

3   김진웅, "은퇴하고 월 300만 원씩 쓰려면 자산 얼마 있어야 할까", 한국경제, 2021. 06. 23.

원, 하지만 은퇴 후 매월 수령하는 국민연금은 89만 9,050원뿐이며 매월 현금흐름 300만 원(연간 3,600만 원)이 나오게 하려면 은퇴전에 9억 원의 현금을 마련해야 한다. 그래서 이런 수준을 기준으로 볼 때, 노후 준비가 '잘돼 있다'고 답변한 가구는 7.9퍼센트에 그친다. 92.1퍼센트는 노후 준비가 잘되어 있지 않거나 보통에 불과하다. 이 간극은 내가 주장하는 '금융연금'을 사용하지 않으면 해결할 방법이 없다.

내가 앞에서 가상의 예로 들었던 40세 투자자 최기적 씨의 상황으로 다시 되돌아가 보자. 부부 두 사람이 5,000만 원씩 1억 원을 만들어 '20년' 동안 '연복리 8퍼센트' 복리 수익을 내는 투자 상품에 묻어두면, 은퇴가 시작되는 60세 1월부터 부부의 투자 계좌(466,095,714원)에서 매월 300만 원씩을 생활비로 꺼내 쓸 수 있다. 그것도 110세(장수 수명)까지 말이다. 만약 최기적 씨 부부가 국민연금과 연복리 8퍼센트로 만들어지는 금융연금을 동시에 받는다면 은퇴 후 매달 그들의 손에는 389만 9,050원이 들어온다. 심지어 이렇게 50년 동안 매달 300만 원씩 꺼내 쓰고도, 자녀에게 6억 원이 넘는 투자 잔고를 유산으로 물려주는 '기적'이 일어난다.

다시 강조하지만 돈의 측면에서 우리의 미래를 단단하게 만들려면 현재 내 손에 쥐고 있는 '잉여 자산(돈)'이 이처럼 최소한 '연복리 8퍼센트의 수익률'을 낼 수 있어야 한다. 그래야 은퇴 이후의 삶을 단단하게 만들 수 있다. 저성장 시대, 대체 그것은 무엇일까?

우리는 '기적의 주인공'이 될 수 있다

시간과 복리의 힘이 누구에게나 가져다주는 '기적'이 어디까지 확장 가능한지 더 이야기해보자.

40세 투자자 최기적 씨가 1억 원을 20년간 연복리 9~10퍼센트의 수익을 내는 투자 상품에 묻어두었다면 어떤 기적이 벌어질까? 다음의 계산표를 보자([표 7]). 연복리 9퍼센트의 수익을 내는 투자 상품에 묻어두면, 60세 1월부터 자신의 투자 계좌(560,441,077원)에서 110세(장수 수명)까지 매월 생활비 400만 원씩을 꺼내 쓰고도(1년 4,800만 원) 자녀에게 9억 원 정도 되는 투자 잔고를 유산으로 물려주는 '기적'이 일어난다.

만약 연복리 수익률을 1퍼센트 더 높여서 10퍼센트의 수익을 내는 투자 상품에 묻어두면, 기적은 더 커진다. 40세 투자자 최기적 씨는 60세 1월부터 자신의 투자 계좌(672,749,995원)에서 110세(장수 수명)까지 매월 생활비 500만 원씩을 꺼내 쓰고도(1년 6,000만 원) 자녀에게 18억 원이 넘는 투자 잔고를 유산으로 물려

[표 7] 1퍼센트 차이에 따른 금액의 변화(1억 원)

투자 기간	복리수익률	투자 계좌 잔고 ①	생활비 출금 ②	최종 투자 잔고 (①-②)
	9%	100,000,000		100,000,000
10	9%	236,736,367		236,736,367
20	9%	560,441,077		**560,441,077**
21	9%	610,880,774	**48,000,000**	562,880,774
30	9%	645,507,220	48,000,000	597,507,220
40	9%	733,256,263	48,000,000	685,256,263
50	9%	940,990,157	48,000,000	**892,990,157**

투자 기간	복리수익률	투자 계좌 잔고 ①	생활비 출금 ②	최종 투자 잔고 (①-②)
	10%	100,000,000		100,000,000
10	10%	259,374,246		259,374,246
20	10%	672,749,995		**672,749,995**
21	10%	740,024,994	**60,000,000**	680,024,994
30	10%	848,694,751	60,000,000	788,694,751
40	10%	1,149,425,587	60,000,000	1,089,425,587
50	10%	1,929,443,927	60,000,000	**1,869,443,927**

주는 '대기적'의 주인공이 된다.

다음에 나오는 시간에 따른 복리의 힘 증가 계산표를 보자([표 8]). 나는 사회초년생에게는 시간의 힘과 복리의 힘을 사용하면 "1,000만 원이면 은퇴 준비를 끝낼 수 있다"고 가르친다. 요즘은 군대를 다녀온 젊은 남성들이 최소 1,000만 원에서 최대 2,000만 원의 급여를 모아서 제대할 수 있는 시대다. 많은 젊은이들이 이 돈을 어떻게 사용해야 할지 모른다. 군대에서 매달 꼬박꼬박 주는 월급을 소비로 없애버리거나 제대 후에 여행 경비로 사용하거나, 멋진 자동차를 사는 데 사용한다. 이런 것들이 나쁘다고 할 순 없지만 지혜로운 행동은 아니다. 나는 한국 정부가 시행하는 병사들의 월급을 올리는 정책이 이들의 미래 은퇴 준비를 끝낼 수 있는 종잣돈을 계속 늘려주는 정책이라고 해석한다. 여기 군대에서 1,000만 원의 급여를 아끼고 다 모아서 제대한 젊은이가 있다고 생각해보자. 이 젊은이의 이름은 '최충성'이다.

21세의 최충성 군이 1,000만 원을 50년간 연복리 8퍼센트의 수익을 내는 투자 상품에 묻어두었다. 연복리 8퍼센트의 수익을 내는 투자 상품에 그 돈을 묻어두면, 71세 1월부터 자신의 투자 계좌(506,537,415원)에서 100세까지 매월 생활비 300만 원씩을 꺼내 쓰고도(1년 3,600만 원), 자녀에게 6.4억 원 정도의 투자 잔고를 유산으로 물려주는 '기적'을 일으킬 수 있다.

21세의 최충성 군이 연복리 수익률을 1퍼센트만 더 높여 9퍼

[표 8] 사회 초년생, 1,000만 원이면 은퇴 준비가 끝난다

71세 1월부터 매월 300만 원씩 생활비 인출

나이	복리수익률	투자 계좌 잔고 ①	생활비 출금 ②	최종 투자 잔고 (①-②)
21세 시작	8%	10,000,000		10,000,000
30	8%	21,589,250		21,589,250
40	8%	46,609,571		46,609,571
50	8%	100,626,569		100,626,569
60	8%	217,245,215		217,245,215
70	8%	469,016,125		469,016,125
71	8%	506,537,415	**36,000,000**	470,537,415
80	8%	527,054,388	36,000,000	491,054,388
90	8%	574,633,344	36,000,000	538,633,344
100	8%	677,352,743	36,000,000	**641,352,743**

6.4억 원가량 유산 상속

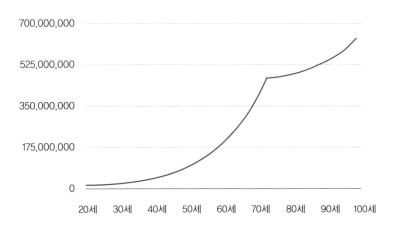

[표 9] 1퍼센트 차이에 따른 금액의 변화(1,000만 원/9%)

나이	복리수익률	투자 계좌 잔고 ①	생활비 출금 ②	최종 투자 잔고 (①-②)
21세 시작	9%	10,000,000		10,000,000
30	9%	23,673,637		23,673,637
40	9%	56,044,108		56,044,108
50	9%	132,676,785		132,676,785
60	9%	314,094,201		314,094,201
67	9%	574,176,486	**48,000,000**	526,176,486
70	9%	572,065,009	48,000,000	524,065,009
80	9%	559,391,838	48,000,000	511,391,838
90	9%	529,389,835	48,000,000	481,389,835
100	9%	458,364,183	48,000,000	**410,364,183**

4.1억 원가량 유산 상속

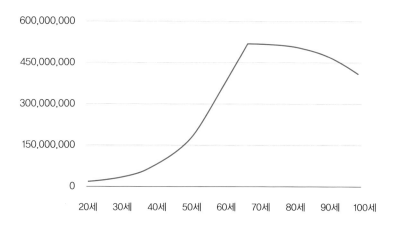

84

센트의 수익을 내는 투자 상품에 묻어두면, 기적은 더 커진다. 67세 1월부터 자신의 투자 계좌(574,176,486원)에서 100세까지 매월 생활비 400만 원씩을 꺼내 쓰고도(1년 4,800만 원), 자녀에게 4.1억 원이 넘는 투자 잔고를 유산으로 물려주는 기적의 주인공이 된다.

이것이 지금 한국 정부가 오늘날 젊은이들에게 주고 있는 미래 준비금의 '잠재력'이다. 내가 '잠재력'이라고 말한 이유를 눈치챘을 것이다. 이 돈은 군 복무를 하는 모든 젊은이들에게 '공통'으로 '공평'하게 '반드시' 지급되지만, 그 잠재력을 시간과 복리의 힘을 사용해서 꽃 피우고 열매 맺게 하는 지혜를 발휘하는 것은 개인의 몫이기 때문이다.

시간과 복리의 힘이 가진 확장력에 대해서 한 가지 예만 더 들어보자. 현재 한국 사회는 저출산 문제로 심각한 위기에 처해 있다. 미래학자로서 저출산이 가져올 미래, 저출산의 이유 등을 다양하게 짚어볼 수 있지만 이 책은 저출산의 원인과 해법을 다루는 게 목적이 아니기에 여기서 깊은 이야기는 하지 않을 것이다. 하지만 아이를 낳지 않는 이유 중 하나가 '돈'이라는 사실은 삼척동자도 안다. 다음에 나오는 시간에 따른 복리의 힘 증가 계산표를 보자([표 10]). 나는 결혼하는 신혼부부에게는 시간의 힘과 복리의 힘을 사용하면 "100만 원이면 내 아이의 은퇴 준비를 끝낼 수 있다"고 가르친다. 100만 원에 매월 적은 규모의 '적립' 정도를 조금 더 보태면, 아이의 대학등록금(국립대 기준), 유용한 수준의 결혼 자금 마련 등도 끝

[표 10] 자녀의 미래, 100만 원이면 은퇴 준비가 끝난다

74세 1월부터 매월 200만 원씩 생활비 인출

자녀 나이	복리수익률	투자 계좌 잔고 ①	생활비 출금 ②	최종 투자 잔고 (①-②)
	8%	1,000,000		1,000,000
10	8%	2,158,925		2,158,925
20	8%	4,660,957		4,660,957
30	8%	10,062,657		10,062,657
40	8%	21,724,521		21,724,521
50	8%	46,901,613		46,901,613
60	8%	101,257,064		101,257,064
70	8%	218,606,406		218,606,406
74	8%	297,411,602	**24,000,000**	273,411,602
80	8%	281,807,554	24,000,000	257,807,554
90	8%	232,909,673	24,000,000	208,909,673
100	8%	127,342,816	24,000,000	**103,342,816**

1억 원가량 유산 상속

86

낼 수 있다.

최명철 군과 이지혜 양이 결혼을 했다고 생각해보자. 1년이 지나 이 신혼부부가 아이를 낳았다. 아이의 이름은 최밝음이라고 지었다. 주위에서 밝음이의 탄생 축하금 명목으로 100만 원의 돈이 들어왔다. 부부는 이 축하금을 아이 옷이나 물품, 혹은 금반지를 사는 데 사용하지 않고, 아이의 미래를 위해 73년간 연복리 8퍼센트의 수익을 내는 투자 상품에 묻어두었다. 최밝음은 나이가 들어 74세 1월부터, 부모가 73년 전에 자신의 은퇴를 위해 마련한 '금융연금'의 수혜를 보기 시작한다. 73년 전에 부모님이 넣어두신 단돈 100만 원은 297,411,602원으로 늘어나 있다. 밝음이는 이 계좌에서 100세까지 매월 생활비 200만 원씩을 꺼내 쓰고도(1년 2,400만 원), 자녀에게 1억 원 정도 되는 투자 잔고를 유산으로 물려주는 기쁨을 누리게 되었다.

만약 최밝음의 부모가 지혜를 발휘해서 연복리 수익률을 1퍼센트 올렸다고 가정해보자([표 11]). 밝음이의 금융연금 수령 기간은 4년이 앞당겨지고, 수령액은 매월 100만 원이 증가한다. 69년 전에 부모님이 넣어두신 단돈 100만 원은 416,730,086원으로 늘어나 있다. 밝음이는 이 계좌에서 100세까지 매월 생활비 300만 원씩을 꺼내 쓰고도(1년 3,600만 원), 자녀에게 1.4억 원 정도 되는 투자 잔고를 유산으로 물려주는 기쁨을 누리게 되었다.

만약 최밝음의 부모가 지혜를 발휘해서 연복리 수익률을 1퍼

[표 11] 1퍼센트 차이에 따른 금액의 변화(100만 원/9%)

70세 1월부터 매월 300만 원씩 생활비 인출

자녀 나이	복리수익률	투자 계좌 잔고 ①	생활비 출금 ②	최종 투자 잔고 (①-②)
	9%	1,000,000		1,000,000
10	9%	2,367,364		2,367,364
20	9%	5,604,411		5,604,411
30	9%	13,267,678		13,267,678
40	9%	31,409,420		31,409,420
50	9%	74,357,520		74,357,520
60	9%	176,031,292		176,031,292
70	9%	416,730,086	**36,000,000**	380,730,086
80	9%	390,381,106	36,000,000	354,381,106
90	9%	328,003,487	36,000,000	292,003,487
100	9%	180,332,979	36,000,000	**144,332,979**

1.4억 원가량 유산 상속

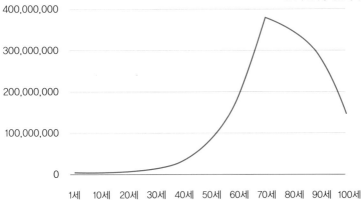

[표 12] 1퍼센트 차이에 따른 금액의 변화(100만 원/10%)

66세 1월부터 매월 400만 원씩 생활비 인출

자녀 나이	복리수익률	투자 계좌 잔고 ①	생활비 출금 ②	최종 투자 잔고 (①-②)
	10%	1,000,000		1,000,000
10	10%	2,593,742		2,593,742
20	10%	6,727,500		6,727,500
30	10%	17,449,402		17,449,402
40	10%	45,259,256		45,259,256
50	10%	117,390,853		117,390,853
60	10%	304,481,640		304,481,640
66	10%	539,407,798	**48,000,000**	491,407,798
70	10%	544,702,157	48,000,000	496,702,157
80	10%	571,321,093	48,000,000	523,321,093
90	10%	640,363,759	48,000,000	592,363,759
100	10%	819,442,653	48,000,000	**771,442,653**

7.7억 원가량 유산 상속

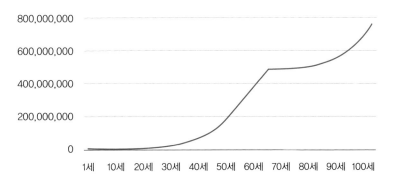

센트 추가로 더 올렸다고 가정해보자([표 12]). 밝음이의 금융연금 수령 기간은 4년이 더 앞당겨지고, 수령액은 매월 100만 원이 추가로 증가한다. 65년 전에 부모님이 넣어두신 단돈 100만 원은 539,407,798원으로 늘어나 있다. 밝음이는 이 계좌에서 100세까지 매월 생활비 400만 원씩을 꺼내 쓰고도(1년 4,800만 원), 자녀에게 7.7억 원 정도 되는 투자 잔고를 유산으로 물려주는 기쁨을 누리게 된다.

만약 최밝음의 부모가 지혜를 조금 더 발휘해서 '적립 방식'을 덧붙이면 미래는 더 밝아진다. [표 13]을 보자. 최초 100만 원을 넣고, 밝음이가 19세가 될 때까지 매달 10만 원씩 적립을 더 한다면 연복리 8퍼센트 수익으로도 4년간의 학자금(국립대 기준)이 준비되고, 금융연금 수령 일자도 56세로 앞당겨진다. 수령액도 매달 400만 원으로 늘어나 있다. 55년 전에 부모님이 넣어두신 단돈 100만 원과 19년 동안 매달 10만 원씩 적립한 돈이 644,086,357원으로 늘어나서, 100세까지 매월 생활비 400만 원씩을 꺼내 쓰고도(1년 4,800만 원) 자녀에게 12억 원 정도 되는 투자 잔고를 유산으로 물려주는 기쁨을 누리게 된다.

최초 100만 원과 19세까지 매달 10만 원씩 적립하는 것을 유지한 채, 연복리 수익률을 2퍼센트 더 올려 10퍼센트로 만들면([표 14]) 결혼비용 5,000만 원도 준비된다. 밝음이의 금융연금 수령 일자도 51세로 5년이 더 앞당겨진다. 수령액도 매달 500만 원으로

[표 13] 적립투자 시나리오(연복리 8%)

학자금 4년 동안 인출
56세 1월부터 매달 400만 원씩 생활비 인출

자녀 나이	복리수익률	투자 계좌 잔고 ①	생활비 출금 ②	최종 투자 잔고 (①-②)
	8%	1,000,000		1,000,000
1	8%	2,280,000		2,280,000
10	8%	19,542,800		19,542,800
20	8%	58,375,314	7,000,000	51,375,314
23	8%	57,811,284	7,000,000	50,811,284
30	8%	87,081,612		87,081,612
40	8%	188,002,668		188,002,668
50	8%	405,883,659		405,883,659
56	8%	644,086,357	48,000,000	596,086,357
60	8%	642,675,532	48,000,000	594,675,532
70	8%	636,504,873	48,000,000	588,504,873
80	8%	785,021,633	48,000,000	737,021,633
90	8%	943,819,428	48,000,000	895,819,428
100	8%	1,286,651,958	48,000,000	1,238,651,958

12억 원가량 유산 상속

늘어난다. 50년 전에 부모님이 넣어두신 단돈 100만 원과 19년 동안 매달 10만 원씩 적립한 돈이 721,176,956원으로 늘어나서, 100세까지 매월 생활비 500만 원씩을 꺼내 쓰고도(1년 6,000만 원)

[표 14] 적립투자 시나리오(연복리 10%)

학자금 4년, 결혼 비용 5,000만 원 인출
51세 1월부터 매달 500만 원씩 생활비 인출

자녀 나이	복리수익률	투자 계좌 잔고 ①	생활비 출금 ②	최종 투자 잔고 (①-②)
	10%	1,000,000		1,000,000
1	10%	2,300,000		2,300,000
10	10%	21,718,652		21,718,652
20	10%	74,257,499	**7,000,000**	67,257,499
23	10%	82,666,732	7,000,000	75,666,732
30	10%	147,453,054	**50,000,000**	97,453,054
40	10%	252,768,124		252,768,124
50	10%	655,615,415		655,615,415
51	10%	721,176,956	**60,000,000**	661,176,956
60	10%	804,252,062	60,000,000	744,252,062
70	10%	1,034,152,699	60,000,000	**974,152,699**
80	10%	1,988,953,932	60,000,000	**1,928,953,932**
90	10%	4,106,964,241	60,000,000	**4,046,964,241**
100	10%	9,600,537,511	60,000,000	**9,540,537,511**

95억 원가량 유산 상속

자녀에게 95억 원이라는 엄청난 투자 잔고도 유산으로 물려주는
'대기적'을 맛보게 된다.

92

10년, 1퍼센트가 만드는 놀라운 기적을 경험하라

나는 시간과 복리수익률이 만드는 기적에도 차이가 있다고 강조한다. 시간과 복리의 힘은 '10년, 1퍼센트씩 높아질 때마다' 돈이 불어나는 속도와 규모가 다르다. [표 15]는 4~20퍼센트 사이의 복리수익률이 시간에 따라서 어느 정도 수익률의 차이를 만들어내는지를 정리한 것이다.

표에서 볼 수 있듯이, 복리수익률 2퍼센트 차이는 20년 후에는 1.5배의 차이를 만든다. 예를 들어, 복리 4퍼센트와 복리 6퍼센트의 수익률 차이는 20년 후에 1.5배 벌어지고, 4퍼센트와 8퍼센트의 차이는 1.5배가 추가로 벌어지고, 4퍼센트와 10퍼센트의 차이도 추가로 1.5배가 더 벌어진다. 40년 후에는 2퍼센트 차이의 간격이 2배, 50년 후에는 2.5배로 늘어난다. 즉 복리수익률은 표의 세

[표 15] 시간에 따른 수익률의 변화

복리수익률 → 시간은 의지(마음가짐)의 문제
복리수익률은 학습의 문제

시간 →

연수	4%	6%	8%	10%	12%	14%	16%	18%	20%	
1	1.04	1.06	1.08	1.10	1.12	1.14	1.16	1.18	1.20	
2	1.08	1.12	1.17	1.21	1.25	1.30	1.35	1.39	1.44	
3	1.12	1.19	1.26	1.33	1.40	1.48	1.56	1.64	1.73	
4	1.17	1.26	1.36	1.46	1.57	1.69	1.81	1.94	2.07	
5	1.22	1.34	1.47	1.61	1.76	1.93	2.10	2.29	2.49	
6	1.27	1.42	1.59	1.77	1.97	2.19	2.44	2.70	2.99	
7	1.32	1.50	1.71	1.95	2.21	2.50	2.83	3.19	3.58	
8	1.37	1.59	1.85	2.14	2.48	2.85	3.28	3.76	4.30	
9	1.42	1.69	2.00	2.36	2.77	3.25	3.80	4.44	5.16	
10	1.48	1.79	2.16	2.59	3.11	3.71	4.41	5.23	6.19	2% 높일 때마다 1.2배씩 추가 증가
15	1.80	2.40	3.17	4.18	5.47	7.14	9.27	11.97	15.41	
20	2.19	3.21	4.66	6.73	9.65	13.74	19.46	27.39	38.34	2% 높일 때마다 1.5배씩 추가 증가
25	2.67	4.29	6.85	10.83	17.00	26.46	40.87	62.67	95.40	
30	3.24	5.74	10.06	17.45	29.96	50.95	85.85	143.00	237.00	2% 높일 때마다 1.7배씩 추가 증가
35	3.95	7.69	17.79	28.10	52.80	98.10	180.00	328.00	591.00	
40	4.80	10.29	21.72	45.26	93.05	189.00	397.00	750.00	1,470.00	2%마다 2배
45	5.84	13.76	31.92	72.89	164.00	364.00	795.00	1,717.00	3,657.00	
50	7.11	18.42	46.90	117.00	289.00	700.00	1,671.00	3,927.00	9,100.00	2%마다 2.5배

로축처럼 시간의 차이에 의해서도 배수 차이가 나고, 가로축처럼 복리수익률이 얼마냐에 따라서도 배수의 차이로 달라진다. 이 계산표가 알려주는 결론은 간단하다. 시간의 힘과 복리의 힘을 사용하는 지혜는 어려운 수학 공식이 아니다. 감당하기 힘든 노동이 필요하지도 않다. 누가 얼마나 빨리, 얼마나 오래 투자했느냐(시간), 그리고 누가 1퍼센트라도 더 높은 복리수익률을 유지하느냐(복리)에 달려 있다. 종잣돈은 그다음의 문제다.

45세 중년도
늦지 않은 은퇴 준비 전략

시간과 복리의 힘의 확장력을 사용하면, 45세 중년도 은퇴 준비로 늦은 시간이 아니다. 45세 직장인 김고민 씨는 은퇴 준비를 위해 모아둔 현금 1,000만 원이 통장에 가진 전부다. 앞으로 몇 년 더 받을 월급과 퇴직금은 아이들의 학원비와 대학 등록금에 써야 한다. 80세가 되신 부모님에게 약간의 생활비 지원도 해야 하고, 혹시 발생할 수 있는 병원비도 미리 준비해두어야 한다. 이런 무게감을 생각하면 김고민 씨 부부의 은퇴 자금 추가 마련은 꿈도 꾸지 못할 상황이다. 하지만 시간의 힘과 복리의 힘, 소비를 아껴서 마련한 매달 약간의 적립의 힘을 함께 사용하면 김고민 씨 부부의 성공적인 은퇴 준비도 길이 열리게 된다.

다음 [표 16]의 계산표를 보자. 45세에 최초의 1,000만 원에,

70세까지 25년 동안 생활비를 아껴서 매달 10만 원씩의 추가 적립금을 만들었다. 그리고 이 돈을 연복리 8퍼센트 수익이 나는 상품에 묻어두었다. 김고민 씨 부부는 71세 1월부터 자신의 투자 계좌(183,501,537원)에서 매달 100만 원의 금융연금(1년 1,200만 원)을 100세까지 수령할 수 있다. 더불어 자녀에게 3.5억 원이 넘는 투자 잔고를 유산으로 물려주는 기쁨도 생긴다.

만약 김고민 씨 부부가 연복리 수익률을 2퍼센트를 끌어올려 10퍼센트를 달성할 수 있다면, 71세 1월부터 자신의 투자 계좌(275,219,872원)에서 매달 200만 원의 금융연금(1년 2,400만 원)을 100세까지 수령할 수 있다. 자녀에게 유산으로 물려주는 투자 잔고도 4.1억 원이 넘는다. 연복리 수익률을 1퍼센트 추가로 끌어올려 11퍼센트를 달성할 수 있다면, 71세 1월부터 매달 300만 원의 금융연금(1년 3,600만 원)을 100세까지 수령할 수 있다. 연복리 수익률 12퍼센트를 달성할 수 있다면, 71세 1월부터 자신의 투자 계좌(415,297,616원)에서 매달 400만 원의 금융연금(1년 4,800만 원)을 93세까지 수령할 수 있다. 연복리 수익률 13퍼센트를 달성할 수 있다면, 71세 1월부터 매달 500만 원의 금융연금(1년 6,000만 원)을 100세까지 수령할 수 있다. 만약 연복리 수익률 14퍼센트를 달성할 수만 있다면, 71세 1월부터 자신의 투자 계좌(628,898,250원)에서 매달 600만 원의 금융연금(1년 7,200만 원)을 100세까지 수령할 수 있고, 자녀에게 물려주는 유산은 24.1억 원으로 크게 증가한다.

[표 16] 적립투자 시나리오(연복리 8~14%)

45세 최초 1,000만 원, 25년(70세 은퇴) 매달 10만 원씩 적립투자

나이	복리수익률	투자 계좌 잔고 ①	생활비 출금 ②	최종 투자 잔고 (①-②)
	8%	10,000,000	1,200,000	11,200,000
45	8%	10,800,000	1,200,000	12,000,000
70	8%	168,708,830	1,200,000	**169,908,830**
71	8%	183,501,537	**12,000,000**	171,501,537
80	8%	204,981,671	12,000,000	192,981,671
90	8%	254,794,205	12,000,000	242,794,205
100	8%	362,335,728	12,000,000	**350,335,728**

나이	복리수익률	투자 계좌 잔고 ①	생활비 출금 ②	최종 투자 잔고 (①-②)
	10%	10,000,000	1,200,000	11,200,000
45	10%	11,000,000	1,200,000	12,200,000
70	10%	248,999,884	1,200,000	**250,199,884**
71	10%	275,219,872	**24,000,000**	251,219,872
80	10%	290,455,872	24,000,000	266,455,872
90	10%	332,619,718	24,000,000	308,619,718
100	10%	441,981,876	24,000,000	**417,981,876**

나이	복리수익률	투자 계좌 잔고 ①	생활비 출금 ②	최종 투자 잔고 (①-②)
	12%	10,000,000	1,200,000	11,200,000
45	12%	11,200,000	1,200,000	12,400,000
70	12%	369,601,443	1,200,000	**370,801,443**
71	12%	415,297,616	**48,000,000**	367,297,616
80	12%	357,313,713	48,000,000	309,313,713
90	12%	166,342,158	48,000,000	118,342,158
93	12%	52,291,012	48,000,000	**4,291,012**

나이	복리수익률	투자 계좌 잔고 ①	생활비 출금 ②	최종 투자 잔고 (①-②)
	14%	10,000,000	1,200,000	11,200,000
45	14%	11,400,000	1,200,000	12,600,000
70	14%	550,465,132	1,200,000	**551,665,132**
71	14%	628,898,250	**72,000,000**	556,898,250
80	14%	724,859,488	72,000,000	652,859,488
90	14%	1,100,009,362	72,000,000	1,028,009,362
100	14%	2,490,772,970	72,000,000	**2,418,772,970**

내가 한국 중년 세대에게 전하는 조언은 이것이다. 이제 소득 효과를 올려 자녀와 부모 세대를 부양하면서 동시에 은퇴 준비를 하는 것은 불가능한 시대가 되었다. 부동산은 잘못 구매하면 지난 20년 동안 모은 돈을 잃을 수도 있다. 시간의 힘과 복리의 힘, 그리고 절약의 힘을 통해 마련한 매월 약간의 돈을 적립하는 전략을 사용해야 한다. 그리고 복리의 힘을 극대화할 전략을 마련하는 데 집중해야 한다.

나는 한국경제가 2010년대 접어들면서 경제성장률이 2~3퍼센트 내외를 배회하는 '저성장기'에 진입했다고 분석했다. 저성장 단계에서는 시간의 힘을 소득 효과에 사용하는 것이 불가능하다. 시간과 복리의 힘을 부동산에 쏟아부어도 큰 효과를 내지 못하기 시작한다. 은행에 '저금'하는 것도 시간과 복리의 힘을 내지 못한다. 소비를 줄여서 돈을 모아두는 효과가 전부다. 저성장기 다음으로 오는 것은 제로성장기다. 지난 30년간의 일본이다.

나는 두 가지 힘, 시간의 힘과 복리의 힘을 '내 삶을 안정시키는 두 가지 힘'이라고 부른다. 저성장과 제로성장 시대에도 변함없이 이 두 가지 힘을 사용해 내 삶을 안정시켜야 한다. 하지만 시간의 힘과 복리의 힘을 발휘하게 하는 '대상'과 '지혜'는 어떤 시대를 사느냐에 따라 달라진다. 바로, 이 부분이 이 책에서 말하고자 하는 핵심이다.

나는 이 부분을 크게 두 영역으로 나눠서 설명할 예정이다. 하나는 자본주의 시대이기 때문에 '돈'을 가지고 설명한다. 돈의 영역에서 시간과 복리의 힘을 발휘하게 하는 대상과 지혜다. 다른 하나는 민주주의 시대이기 때문에 '자아실현'의 부분에서 시간과 복리의 힘을 발휘하는 대상과 지혜에 대해서 설명할 것이다. 나는 이 두 가지 지혜를 '미래를 단단하게 만드는 두 가지 준비'라고 말한다. 저성장과 제로성장 시대에 살더라도, 시대에 맞게 두 가지 지혜를 발휘할 수 있는 방법만 안다면 우리가 당면한 문제, 미래의 문제 등을 해결하고 나아가 '더 나은 미래'를 만들 수 있다.

저성장 시대,
내 삶을 안정시키는 방법

먼저 '돈' 혹은 '자본'의 영역에서 시간의 힘과 복리의 힘을 발휘할 새로운 대상과 지혜에 대해 이야기해보자. 특히 저성장 시대에서의 대상과 지혜다.

　먼저 저성장 시대에서 시간의 힘과 연복리 8퍼센트의 힘을 발휘할 새로운 대상은 '세계 1위 경제대국'의 '주가지수'와 그 나라의 '국채'다. 여기서 핵심은 '세계 1위 경제대국'이라는 것이다. 현재는 미국이지만 미래에 다른 나라가 세계 1위가 되면 '그 나라'의 '주가지수'와 그 나라의 '국채'로 대상이 바뀐다. 나의 분석에 따르면, 세계 1위 경제대국의 주가지수만이 최소한 50년 이상 연평균 8퍼센트의 복리수익률을 기록한다. 다른 나라들은 대략 5~7퍼센트 사이의 복리수익률을 기록한다.

그다음 시간의 힘과 복리의 힘을 발휘하는 지혜는 '양적완화와 긴축의 사이클, 경제 호황과 불황의 사이클을 이용하여 수익률을 유지하고 극대화'하는 것이다. 이것을 잘 실행하면 (아무리 저성장 혹은 제로성장 시대를 살아도) '돈'의 영역에서 내 삶을 안정화 단계에 올려놓을 준비와 실행은 충분해진다. 그렇다면 이제부터 새로운 대상과 지혜에 대한 이야기를 좀 더 구체적으로 해보자.

참고로, 세계 1위 경제대국의 주식시장 수익률이 다른 나라보다 높은 이유로는 몇 가지가 있다. 첫째, 세계 경제 1위의 프리미엄이다. 주식 가치는 현재 이익 배분과 미래 가치(미래 이익×시간의 가치)로 정해진다. 하지만 세계 경제 1위 국가에는 1등 프리미엄이 추가로 더해진다. 둘째, 제1기축통화의 힘을 바탕으로 한, 다른 나라들을 압도하는 더 많은 유동성 덕분이다. 코로나19 기간 미국이 푼 돈은 세계 최고 수준이었다. 엄청난 유동성은 미국 내 부동산과 주식시장에 밀물처럼 흘러 들어가서 최고 수익률을 기록했다. 그리고 그것을 가능하게 한 것은 제1기축통화의 지위와 위엄이었다.

새로운 대상: 세계 1위
경제대국의 주가지수

저성장 시대에서 내 삶을 안정화 단계에 올려놓을 기적의 열차에 올라타는 그 시작은 지난 100년간 연평균 8퍼센트 복리수익률을 기록한 세계 1위 경제대국의 주가지수에 있다. 다음 [표 17]을 보자. 지난 100년간 전 세계 1위 경제대국 미국의 S&P 500 주가지수 움직임이다.

한눈에 봐도 상승과 하락을 반복했다. 하지만 상승을 한 비율이 하락을 한 비율보다 높다. 그 결과 100년을 종합하면 대략 연평균 8퍼센트씩 성장하는 추세를 보인다. 아래에 있는 [표 18]이 위 패턴을 반복하면서 지난 100년간 전 세계 1위 경제대국 자리를 지켜온 미국의 S&P 500이 만든 주가지수 추세다.

다음에 이어지는 [표 19]는 [표 18]의 그래프를 로그지수화하

[표 17] S&P 500 주가지수 움직임(1930~2020년)

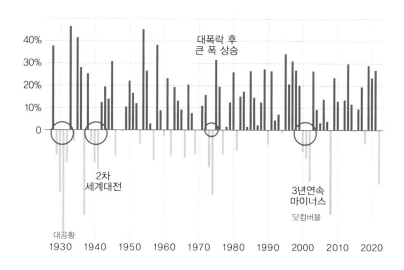

[표 18] S&P 500 주가지수 움직임(선형 스케일)

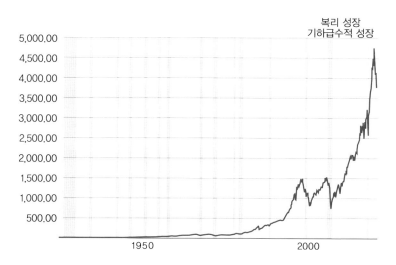

105

여 다시 그린 그림이다. 이처럼 특정 주가지수를 로그화하는 것은 시장 분석에 있어 매우 유용하다.

참고로, 로그 지수는 주가지수의 변화를 로그 스케일로 나타낸 것으로서, 일반적인 주가지수는 선형 스케일로 표시되는 반면, 로그 지수는 지수 함수의 역함수인 로그 함수를 사용하여 표현된다. 로그 함수는 [표 18] 그래프에서 표현된 실수값(선형 스케일)을 지수 함수의 지수 부분으로 출력한다. 이렇게 출력된 그래프를 '로그 스케일' 그래프라고 부른다.

로그 스케일은 일정한 비율의 변화를 일정한 간격으로 표현한다. 주식시장에서는 주가가 매일 변동한다. 이 변동을 그래프로 나타내는데, 보통은 일반적인 숫자 스케일(선형 스케일)을 사용한다. 하지만 이렇게 하면 주가가 크게 변동할 때는 그래프에서 변화를 잘 확인하기 어려울 수 있다. 이런 경우에 로그 지수를 사용하면 많은 도움이 된다. 일반적인 숫자 스케일에서는 100원에서 200원으로 오르는 것과 1,000원에서 1,100원으로 오르는 것이 그래프에서 다르게 보이지만, 로그 지수에서는 이 두 가지 변화가 비슷하게 나타난다. 예를 들어 주가가 1,000원에서 2,000원으로 오르면 일반 숫자 스케일에서는 1,000원이 올랐다고 표시되지만, 로그 지수에서는 주가가 두 배로 올랐다고 표시된다. 마찬가지로 주가가 100원에서 200원으로 오르면 로그 지수에서도 두 배 오른 것으로 나타난다.

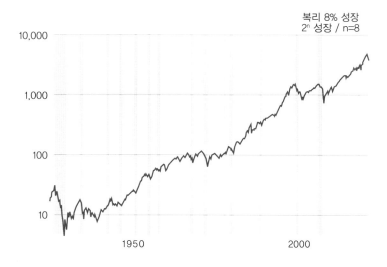

[표 19] S&P 500 주가지수 움직임(로그 스케일)

복리 8% 성장
2^n 성장 / n=8

로그 지수를 사용했을 때의 통찰력은 무엇일까? 먼저, 장기적인 추세 파악이 가능하다. 로그 스케일은 장기간에 걸친 주가지수의 추세를 파악하는 데 유용하다. 선형 스케일에서는 초기의 작은 변화가 후기의 큰 변화에 비해 과소평가되는 경향이 있지만, 로그 스케일에서는 이러한 문제가 해결된다. 이렇게 로그 지수를 사용하면 주가의 변화를 일정한 비율로 볼 수 있기 때문에 주식 시장의 흐름을 이해하기가 더 쉽다.

둘째, 변동성 비교가 쉽다. 서로 다른 시점 또는 서로 다른 주가 지수의 변동성을 비교할 때는 로그 스케일이 유용하다. 로그 스케일에서는 같은 비율의 변화가 같은 크기로 나타나므로 변동성을 한눈에 직관적으로 비교할 수 있다.

셋째, 수익률 계산이 빠르다(이 부분이 내가 이 책에서 이야기하는 '연평균 8퍼센트 복리수익률'과 연관된다). 로그 지수의 차이를 계산하면 두 시점 사이의 수익률을 쉽게 구할 수 있다. 로그 지수의 차이에 100을 곱하면 퍼센트 변화율을 얻을 수 있기 때문이다.

마지막으로, 주가 수준 간 비교도 쉽다. 로그 스케일을 사용하면 절대 주가 수준을 다른 종목들의 성과와 비교하기 용이하다. 선형 스케일에서는 고가 종목의 변화가 과대평가되고 저가 종목의 변화는 과소평가되는 경향이 있지만, 로그 스케일로 보면 이러한 문제가 해결된다. 이처럼 주가지수를 로그화하여 분석하면 장기 추세, 변동성, 수익률 등을 보다 정확하고 직관적으로 파악할 수 있다. 다만 로그 스케일은 절대적인 가격 변화의 크기를 직접적으로 보여주지는 않으므로, 선형 스케일과 함께 상호 보완적으로 사용하는 것이 효과적이다.

다음에 나오는 1928년부터 2022년까지 S&P 500의 평균 수익률을 각기 다른 범위로 비교한 것을 보자. 100년 범위로 하면 평균 7.81퍼센트 수익률이다. 하지만 범위를 80년 정도로 좁히면 평균 8.62퍼센트가 된다. 최근 40년으로 좁히면 평균 10.24퍼센트의 수익률이다. 그래서 나는 세계 1위 경제대국의 주가지수 연평균 수익률을 대략 8퍼센트라고 규정하는 것이다.

S&P 500의 평균 수익률은?

- 1928년부터 2022년 현재까지의 평균 수익률은 7.81%
- 1930년부터 2022년 현재까지의 평균 수익률은 7.70%
- 1940년부터 2022년 현재까지의 평균 수익률은 8.62%
- 1950년부터 2022년 현재까지의 평균 수익률은 9.24%
- 1960년부터 2022년 현재까지의 평균 수익률은 8.33%
- 1970년부터 2022년 현재까지의 평균 수익률은 8.99%
- 1980년부터 2022년 현재까지의 평균 수익률은 10.24%
- 1990년부터 2022년 현재까지의 평균 수익률은 9.34%

현존하는 세계 최고의 투자자이며 '오마하의 현인'이라고 칭송받는 워런 버핏이 2013년에 미리 작성해둔 유서 내용이 대중에 공개된 적이 있다. 유서에는 투자를 잘 모르는 아내를 위한 조언이 들어 있었다. 그 내용은 아래와 같다.

"내가 죽으면 전 재산의 90퍼센트는 S&P 500을 추종하는 인덱스펀드에, 10퍼센트는 채권에 투자하세요."

2019년에도 워런 버핏은 CNBC와의 인터뷰에서 똑같은 말을 반복했다

"내가 죽으면 재산의 10퍼센트는 미국 국채에, 90퍼센트는 뱅가드의 S&P 500 상장지수펀드^{ETF}에 투자해달라고 아내에게 당부했다."

존 보글이라는 유명한 투자자도 비슷한 말을 했다.

"올바른 투자 원칙은 증시 전체를 사는 것이다."

많은 가치 투자자들이 수십 종목부터 100개 이상의 종목에 분산 투자를 한다. 이보다 더 안전한 방법은 증시 전체를 담는 것이다. S&P 500이 바로 그렇다. 나는 저성장 시대 혹은 제로성장 시대에 돈의 측면에서 나의 미래를 단단하게 만들려면 현재 내 손에 쥐고 있는 '잉여 자산(돈)'이 최소한 '연복리 8퍼센트의 수익률'을 낼 수 있어야 한다고 강조했다. 그래야 은퇴 이후의 삶을 단단하게 만들 수 있다고 말이다. 많은 사람들이 묻는다. "저성장 시대에 그런 수익률을 내는 상품이 있습니까?" 있다. 세계 1위 경제대국의 종합주가지수 상품이다.

다음 그림을 하나 더 참고해보자. 내가 비교를 위해 만든 그래프들이다([표 20], [표 21]). 한국에는 종합주가지수가 두 개 있다. 하나는 코스피 지수^{Korea Composite Stock Price index}고 다른 하나는 코스닥 지수^{Korea Securities Dealers Automated Quotation index}다. 한국은

1962년 「증권거래법」 제정 이후 주식시장의 규모가 증가함에 따라 1964년 최초의 주가지수인 수정주가평균지수^{Adjusted stock price average index}를 발표했는데, 이것이 코스피 지수의 효시다. 코스피 지수는 1980년 1월 4일의 시가총액을 분모로, 산출 시점의 시가총액을 분자로 하여 지수화한 것이다. 코스닥 지수는 코스닥시장에 상장된 기업의 주식가격에 주식 수를 가중평균하여 시가총액식으로 산출한 지수다. 1987년 4월, 한국 정부는 대부분의 중소기업은 증권거래소의 상장 조건을 충족시키기 어려운 문제를 해소하고자 기존의 증권거래소 시장과는 별도로 협회의 주관 아래 주식 장외시장을 개설했다. 이것이 바로 코스닥시장의 효시다. 코스닥의 기준지수는 1996년 7월 1일을 '100'으로 하여 시작되었다.[4]

미국에는 세 가지 종합주가지수가 있다. 첫째, 다우존스 산업평균지수^{Dow Jones Industrial Average index, 다우 지수}다. 미국의 다우존스사가 가장 신용도 높고 안정된 주식 30개를 표본으로 시장가격을 평균산출하는 세계적인 주가지수다. 30개 우량 기업으로 종목이 구성되기 때문에 많은 기업들의 가치를 대표할 수 있는지에 대한 의문이 있다. 또한, 시가총액이 아닌 주가평균 방식으로 계산되기 때문에 지수가 왜곡될 수 있다는 문제점도 가진다. 둘째, S&P 500지수^{Standard & Poor's 500 index, S&P 500}다. S&P 500은 국제 신용평가기관

---

4 한국민족문화대백과사전, '코스피 지수' 및 '코스닥 지수'

인 미국의 스탠더드앤드푸어스Standard and Poors, S&P가 작성한 주가지수다. 다우 지수와 마찬가지로 뉴욕증권거래소에 상장된 기업의 주가지수지만 지수 산정에 포함되는 종목 수가 500개로 다우 지수의 30개보다 훨씬 많다. 지수의 종류로는 공업주(400종목), 운수주(20종목), 공공주(40종목), 금융주(40종목)의 그룹별 지수가 있다. 지수 산정에 포함되는 종목은 S&P가 우량기업의 주식을 중심으로 선정한다. 마지막은 나스닥 지수NASDAQ index다. 나스닥 증권거래소에 상장돼 있는 3,000개가량의 보통주를 가중평균하여 나타내는 미국 증시의 대표적인 주가지수다.[5]

[표 20] 연평균 복리 6퍼센트의 다우 지수 수익률(원금의 배수)

---

5   네이버 지식백과, 매일경제, 매경닷컴

[표 21] 연평균 10퍼센트의 S&P 500 복리수익률(최근 40년, 원금의 배수)

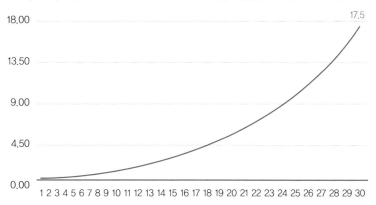

[표 20]에서 보듯, 미국의 대표적 지수인 다우 지수는 지난 140년간(1884년~) 연평균 6퍼센트의 복리수익률을 기록했다. 우리가 연평균 6퍼센트의 복리수익률을 기록하는 다우 지수를 매수하면 30년 후에는 원금이 5.74배까지 증가한다.

S&P 500 지수는 지난 100년간(1926년 90개의 주식을 대상으로 한 S&P90 지수로 시작했으나, 1957년 대상 주식 수가 500개까지 확대되며 현재에 이르고 있다) 대략 연평균 8퍼센트의 복리수익률을 기록했고, 최근 40년으로 좁히면 평균 10.24퍼센트의 복리수익률을 기록 중이다. 우리가 연평균 10퍼센트의 복리수익률을 기록한다고 가정하면 30년 후에는 원금이 17.5배까지 증가한다.

개인 투자자로서 세계 최고의 수익률을 기록하는 워런 버핏은 연평균 20퍼센트 내외의 복리수익률을 올리는 것으로 알려져 있

[표 22] 연평균 16퍼센트의 복리수익률: 워런 버핏 포트폴리오 따라하기

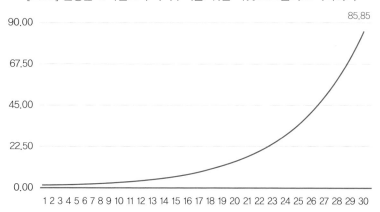

다. 그래서 일부 투자자들은 버핏이 투자한 포트폴리오를 그대로 따라 하기도 한다. 혹은 워런 버핏의 회사 주식을 소유하곤 한다. 버핏은 버크셔 해서웨이라는 회사를 가지고 자금을 모으고, 그 돈으로 자신의 안목에 맞는 투자를 시행한다. 그래서 버핏의 투자수익률의 상당 부분이 그 회사의 주가에 반영된다. 그런데 놀라운 것은 워런 버핏의 포트폴리오를 '그냥 따라 하기만 해도' 혹은 버크셔 해서웨이 회사 주식을 보유하는 것만으로도 연평균 16퍼센트의 복리수익률을 기록할 수 있다는 사실이다. 당신이 은퇴 준비금 1억 원으로 연평균 16퍼센트의 복리수익률을 기록한다고 가정하면 30년 후에는 원금이 85.85배까지 증가한다.

　다우 지수에 투자하거나 S&P 500 지수에 투자하거나 버핏의 투자 포트폴리오를 따라 하는 것까지 결국 내가 하고 싶은 말을 한

마디로 정리하면 이것이다.

> "저성장 시대에도, 내 잉여 자산이 연평균 8퍼센트의 복리수익을 올리며 단단한 미래를 준비할 방법은 얼마든지 있다."

새로운 지혜:
8+α로 수익률 끌어올리기

시간과 복리의 힘을 발휘할 새로운 대상에 대해 알아보았으니 이제 새로운 지혜에 대해 공부해보도록 하자. 두 가지 지혜다. 하나는 연평균 8퍼센트의 복리수익률을 내는 상품인 세계 1위 경제대국의 종합주가지수를 사서 1위가 바뀔 때까지 그대로 놔두는 것이다. 만약 세계 1위 경제대국이 바뀌면 바뀐 나라의 종합주가지수를 다시 사면 된다. 이것이 첫 번째 지혜다.

2021년 3월 24일, 뱅크오브아메리카^{BoA}는 흥미로운 보고서를 발표했다. 1930~2020년까지 S&P 500 지수를 매 10년씩 분석한 결과, 주식 투자자가 매 10년마다 최고의 날인 열흘을 놓칠 경우 총수익률은 28퍼센트에 그쳤다. 반면 하루도 쉬지 않고 장기 투자한 사람의 누적 수익률은 1만 7,715퍼센트가 되었을 거라고 추산했다. 투자자가 정말 똑똑해서 매 10년 중 최악의 열흘을 피했을 경우 누적 수익률은 379만 3,787퍼센트에 달했다. 최악의 날과 최고의 날을 모두 제외하게 되면 누적 수익률은 2만 7,213퍼센트였다. 문제는 최고 정점 구간과 최악의 하락 구간을 정확히 맞히기 불가능하다는 점이다. 결국 BoA는 "가장 현명한 투자 방법은 매수한 주식을 장기간 가만히 계속 들고 있는 것"이라고 결론 내렸다. 종합하면 우리가 기억해야 할 첫 번째 지혜는 세계 1위 경제대국의 종합주가지수 투자 상품을 세계 1위 경제대국의 주인이 바뀔 때까지 장기간 가만히 계속 들고 있는 것이다. 그러면 20년 후부터 '금융연금'을 매달 국민연금, 공무원연금보다 많이 탈 수 있다.

두 번째 지혜는 연평균 복리수익률을 8퍼센트보다 더 높게 올리는 것과 관련된다. 경제 지식이 조금 있는 분들이라면 이런 질문을 할 것이다. "1억 원을 20년간 8퍼센트 수익률로 키운 후, 매달 300만 원씩을 연금처럼 빼서 쓸 수 있지만 20년 후의 300만 원이 지금의 300만 원과 동일한 가치는 아닐 텐데요?" 그렇다. 현재 자본주의는 '신용창조를 통한 경제성장 시스템'을 구사한다. '신용'은 영어로 'credit'이다. 신용카드는 '빚debit'을 먼저 내주고 내 형편에 맞게 갚을 수 있는 제도다. 그래서 '신용창조'를 통한 경제성장 시스템이라는 것은 빚을 먼저 내주고, 그것의 사용을 발판으로 경제성장률을 끌어올리는 시스템을 의미한다.

신용창조를 통한 경제성장 메커니즘을 경제적으로 설명하자면 이렇다. 중앙은행이 본원통화 발행을 늘린다. 상업은행들은 중앙은행이 발행한 본원통화를 받아서, 개인이나 기업에게 대출을 통해 신용을 창조함으로써 시중에 화폐 공급량을 증가시킨다. 은행에서 빌려서 시중에 풀려 나간 화폐공급은 다시 기업과 개인의 투자 및 소비를 촉진시킨다. 대출을 받은 경제주체들은 이를 지출함으로써 총수요를 증가시킨다. 그리고 이런 총수요 증가는 생산 증대로 이어진다. 기업들은 총수요 증가에 대응하여 생산을 확대하고 고용을 늘린다. 고용 증가는 소득 증대와 추가적인 소비 증가로 연결된다. 그리고 이는 또다시 총수요 증가와 경제성장으로 선순환을 만든다. 경제성장은 기업 이윤 증대, 자산가치 상승 등을 통해 은행 대출에 대한 상환 능력을 개선시킨다. 그 결과 금융시스템의 안정성이 높아진다. 이처럼 안정적인 금융시스템은 중앙은행-상업은행을 통한 추가적인 신용창조를 가능케 함으로써 경제성장을 지속시키는 기반이 된다. 이런 일련의 순환 과정을 '신용창조를 통한 경제성장 시스템'이라 부르는 것이다. 하지만 여기에도 부작용이 있다. 대표적인 부작용이 지나친 신용창조에 따른 인플레이션**inflation**과 자산버블**asset bubble**의 초래다.

　여기서 인플레이션이 시간이 지날수록 돈의 가치가 하락하는 것과 연관된다. 인플레이션의 기본 개념은 '물가 수준이 일정 기간 동안 지속적으로 오르는 현상'이다. 하지만 몇 퍼센트 이상이 올라야 하는지는 기준이 불분명하다. 경제성장은 대개 인플레이션을 동반하기 때문이다. 보통 '위험한(나쁜) 인플레이션 국면'이라는 우려가 나오는 때는 경제성장을 방해할 만큼 물가 상승(화폐가치 하락)이 심해질 때다. 그 상황이 심각하면 초인플레이션이라고 말하고, 전쟁 패전국이나 경제가 파탄 난 국가에서 주로 발생하는 통화 총량의 수만 배 증가 현상은 하이퍼 인플레이션**hyper inflation**이라 부른다. 디플레이션**deflation**은 물가가 하락하는 현상으로 인플레이션의 반대 개념이다. 경제성장은 대개 인플레이션을 동반한다.

인플레이션의 원인으로는 두 가지가 있다. 첫째, 비용 인상 인플레이션으로 총공급 감소가 인플레이션을 만든다는 관점이다. 총수요는 변함이 없는 상황에서 원유 및 원자재 가격 등에서 비용 상승이 발생하여 기업 생산이 위축되는 상태를 의미한다. 둘째, 수요 견인 인플레이션으로 총수요 증가가 인플레이션을 만든다는 관점이다. 총수요를 증가시키는 요인도 크게 두 가지다. 하나는 일시적으로 수요가 평균보다 높게 폭발하는 상황으로, 코로나19 팬데믹이 끝나고 2년 동안 하지 못했던 소비가 한 번에 터지면서 일종의 '보복 소비'가 일어났을 때가 대표적이다. 다른 하나는 총공급에 큰 변화가 없지만, 이자율이 하락하여 통화량이 급격하게 증가하면서(즉, 돈이 많이 풀리면서) 기업과 가계의 지출이 증가할 때다. 미국이나 일본이 제로금리 정책을 시행하면서 엄청나게 많은 대출이 가능해진 덕분에 시중에 돈이 넘쳐났던 것이 대표적이다. 총공급에는 큰 변화가 없어서 소비자가 사고자 하는 물건의 양은 그대로인데,

소비자의 손에는 돈이 넘쳐난다고 생각해보자. 물건의 총량은 그대로이지만 사고자 하는 사람이 늘어나면 경쟁이 붙어서 물건 가격이 상승한다. 혹은 공급자가 물건 가격을 높여도 판매가 된다. 공급자가 물건 공급량을 늘리거나 가격을 높이지 않으면 돈의 가치는 유지된다. 하지만 그 반대면 돈의 가치가 하락하는 효과가 발생한다. 이런 시스템 때문에 인플레이션율만큼 돈의 가치가 하락한다는 말이 나오는 것이다.

경제학 이론으로 보면, 성장률이 적은 만큼 인플레이션도 적고, 인플레이션이 적은 만큼 화폐가치 하락도 적다. 나의 분석으로는 2~3퍼센트 미만의 성장률과 2퍼센트 내외의 인플레이션율을 보이는 저성장을 하는 선진국에서는 연평균 2.3퍼센트 정도씩 화폐가치 하락이 일어난다. 4~6퍼센트 미만의 성장률과 3.5~4퍼센트 내외의 인플레이션율을 보이는 중성장을 하는 중진국에서는 연평균 4.7퍼센트 정도의 화폐가치 하락이 일어난다.

한국은 2010년대부터 경제성장률이 2~3퍼센트 내외를 배회하는 저성장 시대에 진입했다. 언젠가는 일본처럼 0~0.5퍼센트의 경제성장률을 기록하는 제로성장 시대에 들어설 것이다. 제로성장 시대에서는 화폐가치 하락분을 반영할 필요가 없다. 하지만 2~3퍼센트 내외를 배회하는 저성장 시대에는 연평균 2.3퍼센트 정도씩 화폐가치 하락을 반영해야 한다. 즉 현재의 300만 원이 그 가치를 유지하려면 제로성장 시대에 들어가기 전까지 연평균 8퍼센트의 복리수익률로는 부족하다는 얘기다. 연평균 2.3퍼센트 정도씩 추가 수익률을 끌어올려서 이를 상쇄시켜야 한다. 최소한 10.3퍼센트의 연평균 복리수익률을 기록해야 한다는 말이다. 이를 위해서는 지난 100년 동안 연평균 8퍼센트의 수익률을 기록한 S&P 500 주가지수를 평생 그냥 가지고만 있는 전략으로는 부족하다. 그래서 내가 앞으로 말하고자 하는 두 번째 지혜는 연평균 2.3퍼센트 정도씩 추가 수익률을 끌어올리는 방법에 대한 것이다.

미래를 단단하게 만드는
경제 지식 활용법

저성장을 하는 선진국에서 화폐가치 하락(연평균 2.3퍼센트)을 상쇄하는 추가 수익률을 만드는 방법에 대해 이미 앞에서 이야기한 바 있다. 바로 워런 버핏의 투자를 따라 하는 지혜다. 혹은 워런 버핏이 운영하는 투자회사의 주식을 가지고 있는 지혜다.

다음 [표 23]을 살펴보자. 지난 38년 동안 워런 버핏이 운용하는 투자회사 버크셔 해서웨이(티커: BRK-A)의 주식 가치 상승률은 연평균 14.9퍼센트를 기록했다. 동일한 기간 S&P 500 지수는 연평균 9.4퍼센트 상승률을 기록했다.

나의 계산에 의하면, 1억 원을 연평균 14.9퍼센트의 복리수익률이 나는 상품에 담아두고 20년을 기다리면 21년째 1월부터 매달 900만 원씩 '금융연금'을 수령하며 평생을 살 수 있다. 문제는

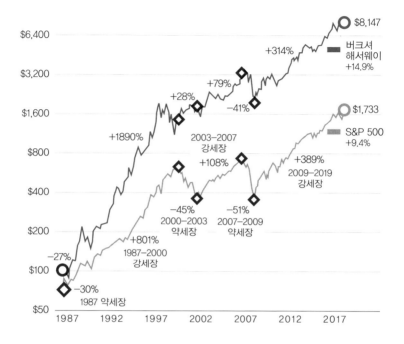

[표 23] 버크셔 해서웨이 주가와 S&P 500 지수 비교

2024년 기준으로 버핏의 나이가 94세라는 점이다(1930년 출생). 그가 사망하고 나서도 버크셔 해서웨이의 주가가 연평균 14.9퍼센트씩 복리수익률을 올릴지는 의문이다. 참으로 안타깝다.

하지만 걱정하지 말라. 저성장을 하는 선진국에서 화폐가치 하락(연평균 2.3퍼센트)을 상쇄하여 추가 수익률을 만드는 또 다른 방법이 있다. 이건 마법도, 속임수도, 나만의 특별한 노하우나 비법도 아니다. 누구나 알고 있는 경제학의 기본 지식을 활용하는 지혜를 발휘하면 된다. 그것은 바로 양적완화와 긴축의 사이클, 경제 호황과 불황의 사이클을 이용하는 지혜다. 다음 두 개의 그래프를 보자. [표 24]는 지난 100년간 미국 경제의 호황과 불황 그리고 S&P 500 지수를 비교한 것이다. [표 25]는 지난 100년간 S&P 500 지수의 연간 상승과 하락률을 정리한 것이다(앞서 나왔던 [표 17]과 동일한 그래프다).

이 그래프들에서 우리는 다음과 같은 사실을 알 수 있다.

• 경기 침체기에 S&P 500 지수 하락률이 가장 크다.

• 만약 경기 침체기에 가장 큰 하락폭을 보이는 폭락장의 손실을 피하거나 역이용할 수 있으면 연평균 2.3퍼센트 이상으로, 즉 화폐가치 하락분을 상쇄할 만큼 추가적인 복리수익률을 높일 수 있다.

• 경기 호황기와 침체기는 일정한 패턴이 있고, 각각의 시작과 종료를 알리는 '신호'가 분명하게 있다.

나는 경기 침체기에 발생하는 하락장을 '대폭락'이라고 부른다. 주식시장에는 기술적 조종, 대조정, 대폭락 등 하락을 의미하는 용어들이 많다. 이런 용어는 공통으로 사용하지만 각각이 평가하는 하락 규모는 전문가마다 약간 다르다. 나의 경우, 약한 기술적 조정은 일시적인 기대감 후퇴(기대 속도보다 저하, 예상보다 저조)로 발생

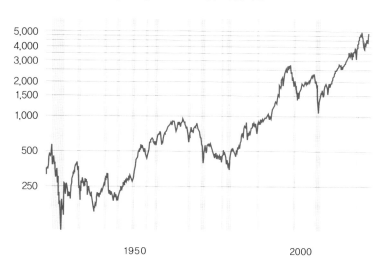

[표 24] S&P 500 지수의 움직임

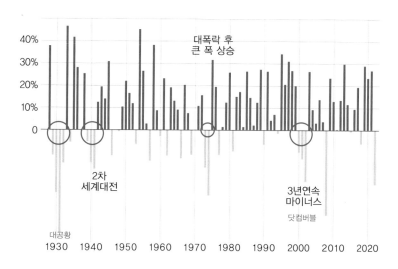

[표 25] S&P 500 연간 상승 및 하락률(1930~2020년)

하며 3~5퍼센트 내외의 하락폭으로 규정한다. 강한 기술적 조정은 일시적으로 추세 방향이 전환될 때 일어나고 10~15퍼센트 내외 하락폭으로 규정한다. 대조정은 완전한 대세 전환 국면에서 발생하며, 대략 다우 지수 기준으로 20~30퍼센트 사이의 하락폭으로 본다. 마지막으로 대폭락은 경기 호황기가 끝나고 버블 해소가 일어나면서 경기 대침체기가 발생할 때 일어난다. 이때 주식시장의 하락폭은 대개 30~40퍼센트 수준이다. 경기 대침체기에 진입할 때, 정부의 대응 미숙으로 금융시스템 붕괴까지 일어날 경우 주식시장의 하락폭은 50~75퍼센트 내외까지도 확대될 수 있다. 참고로, 이런 상황은 보통 50년에 1~2번 정도 일어난다. 2008년 미국의 금융시스템 위기 국면이 대표적이다. 이때 미국의 다우 지수는 50퍼센트 정도 하락했고, 다른 나라에서는 종합주가지수가 70~75퍼센트 정도 하락하는 사태가 일어났다.

주식시장에서 약한 기술적 조정, 강한 기술적 조정장은 수시로 일어난다. 어떤 경우에는 이유를 설명할 수 있지만, 상당 부분은 이유를 찾기가 힘들다. 그래서 예측이 불가능하다. 패턴도 없다. 패턴이 없으니, 일정한 사이클을 찾기도 불가능하다. 대조정이 일어나는 때는 크게 두 가지로 나뉜다. 하나는 경제 호황기로, 대략 2~3번 정도 일어난다. 이때 일어나는 대조정은 이유를 찾을 수 있지만 시점을 예측하기는 힘들다. 예측이 불가능한 기술적 조정 국면이 특정한 사건과 맞물리면 연이어 대조정으로 전환되기 때문이다. 다른 하나는 중앙은행이 양적완화 정책을 끝내고 긴축 정책으로 전환을 시작할 때 일어난다. 이 대조정은 한 번 일어나며 패턴을 가진다. 그래서 발생 시점을 '대략' 예측할 수 있다. 대부분 중앙은행이 양적완화를 끝내고 곧 긴축 정책을 시작하겠다는 '신호'를 보내면 발생한다. 마지막으로 대폭락은 경제 호황과 불황의 7~10년 주기에서 단 한 번 일어난다. 경기 침체기에 발생한다는 패턴도 분명하다. 물론, 경기 침체기가 언제 정확하게 일어나는지는 예측하기 힘들다. 매번 경기 침체기마다 그 상황과 이유, 그리고 기간이 다르기 때문이다. 하지만 경기 침체기에 진입하는 것을 알아차리는 '신호'는 분명하게 찾을 수 있다.

결론적으로 말하면, 주식시장에서 대부분의 상승과 하락은 예측하기 힘들지만 긴축 전환기에 일어나는 한 번의 대조정과 경기 침체기에 일어나는 한 번의 대폭락은 큰 틀에서 예측 가능하고, 패턴을 가지며, 반복적이다. 그래서 내가 말하고 싶은 최종 결론은 이것이다. "일반인도 경제 주기에 관심을 기울이고, 그에 맞는 포트폴리오 전략을 따라 하기만 하면, 추가 연평균 2.3퍼센트 이상, 즉 화폐가치 하락분을 상쇄할 만큼 복리수익률을 높일 수 있다."

수익률 상승을 위해
주목해야 할 두 가지 신호

우리가 주목해야 할 신호는 두 가지다. 하나는 기준금리 인상이고, 다른 하나는 기준금리 인하다. 현재 세계 1위 경제대국인 미국의 경우를 가지고 설명해보자.

미국의 중앙은행 역할을 하는 기관은 '연방준비제도聯邦準備制度, Federal Reserve System'로, 약칭으로는 '연준聯準, Fed'이라 부른다. 연준은 1913년 12월 23일 미 의회를 통과한 연방준비법Federal Reserve Act에 의해 설립되었다. 연준은 대통령이 임명하고 상원이 승인한 이사 일곱 명으로 운영되며 연방정부와 의회로부터 철저한 독립성을 보장받는다. 연준의 중앙이사회는 워싱턴 D.C.에 위치하고 2024년 기준, 현재 의장은 제롬 파월이다. 연방준비은행Federal Reserve Banks은 미국 각지에 12개 지점(보스턴, 뉴욕, 필라델피아, 시카고, 샌프란시스코, 클리블랜드, 리치먼드, 애틀랜타, 세인트루이스, 미니애폴리스, 캔자스시티, 댈러스)이 있다.

사실 연방준비은행은 우리나라 한국은행처럼 국립 중앙은행이 아니다. JP모건 등 상업은행들이 지분을 100퍼센트 소유하고 있는 사립 중앙은행이다. 연방정부는 지분을 소유하고 있지 않다. 대공황 시절, 은행의 공황 문제를 해결하기 위해 상업은행들이 자발적으로 지분을 출자해서 만들었기 때문이다. 어느 나라든지 상업은행은 전체 자산 중 극히 일부를 예금자 지급용으로 항상 가지고 있어야 한다. 이것을 '부분 지급 준비금 제도'라 한다. 만약 예금자들이 예치한 은행의 지불 능력에 의구심을 품고 돈을 인출하려는 시도를 과도하게 할 경우 '뱅크런**Bank Run**'이 발생한다. 뱅크런이 발생하면 국가 경제에 엄청난 재앙이 초래되고, 다수의 사회문제를 야기할 수 있다. 그래서 미국의 상업은행들은 자발적으로 지분을 출자하여 뱅크런 발생을 예방하고 최소화하기 위한 방편으로 지불 준비금의 지불 여력을 담당하는 '연방준비제도'라는 것을 설립했다. 만약 어떤 상업은행에서 뱅크런이 발생했을 경우, 연방준비제도가 그 은행의 지불 준비금을 마련해주는 최후의 보루 역할을 하는 셈이다. 이렇게 사적 자본의 출자로 시작됐지만 공적 기능을 수행하면서 미국 의회나 연방정부도 새로운 국립 중앙은행을 만들지 않았다.

여하튼, 이렇게 미국의 중앙은행 역할을 하는 연준도 여느 중앙은행과 마찬가지로 자국 화폐, 즉 미국 달러의 발행을 담당한다. 연준 의장은 시장과 소통할 때마다 종종 '연준의 관심사는 고용과 물가의 안정'이라는 말을 한다. 맞다. 이것이 중앙은행의 핵심 역할이다. 연준은 이 두 가지 목표를 달성하기 위해 달러 발행 이외에도 지급준비율 변경, 주식 거래에 대한 신용 규제, 가맹 은행의 정기예금 금리 규제, 연방준비은행의 재할인율 결정이라는 수단을 사용한다. 이런 수단들을 사용하는 목적은 단 하나로 귀결되는데, 이는 바로 시장에서의 통화량 조절이다. 왜 시중 통화량의 조절이 중요할까?

나는 앞서 현재 자본주의 경제체제는 '신용창조를 통한 경제성장 시스템'을 중심에 둔다고 했다. 연준 같은 중앙은행이 신용 통화량을 증가시키면 자국의 내수 경제가 끓어오르고, 반대로 경제를 좀 식히고 싶다면 신용 통화량을 감소시키면 된다. 경제가 뜨거워지면 고용이 좋아지지만 물가는 상승한다. 경제가 차갑게 식으면 물가는 하락하지만 고용이 나빠진다. 연준은 이 둘 사이에서 적절한 온도 조절을 하면서 지속적인 경제성장이라는 외줄타기를 해야 한다. 즉 내수 경제의 온도를 조절하는 것이 '물가와 고용 안정'에 가장 중요한 기술이다. 그리고 이 경제 온도를 변화시키는 핵심이 통화량이고, 통화량 변화를 일으키는 가장 강력한 무기가 '기준금리 조절'이다.

연준이 기준금리를 내리면 통화량이 증가하여 경제가 뜨거워지고 고용이 좋아진다. 하지만 부작용으로 물가가 상승한다. 반대로 연준이 기준금리를 올리면 통화량이 감소하여 경제가 식고 물가도 함께 수그러들지만, 부작용으로 고용이 악화되어 경기 침체가 발생하면서 실업률이 상승한다. 하지만 둘 중 어느 한쪽이 정답인 것은 아니다. 그래서 연준은 양쪽을 왔다 갔다 하면서 정책 조정을 한다. 그리고 그 과정에서 경제 호황과 불황이 반복되는 패턴과 사이클이 발생한다. 당연히 주식시장의 대세 상승과 대폭락도 반복된다.

내가 말하는 경제학의 기본 지식을 활용하는 지혜의 이론적 배경이 바로 이것이다. 이 반복되는 주기를 잘 활용하여 포트폴리오를 2~3번만 조정하면 화폐가치 하락분을 상쇄할 추가적인 복리수익률(연평균 2.3퍼센트 이상)을 얻을 수 있다. 그리고 이러한 주기를 파악할 수 있는 신호는 연준이 "이제부터 긴축을 시작합니다" 혹은 "이제부터 긴축을 끝내고 양적완화를 시작합니다"라는 공식 발표다. 이 신호는 누구나 쉽게, 명확하게 들을 수 있다.

신호를 읽었다면 행동하라

이제 '신호'가 무엇인지 알았다. 그렇다면 신호가 들렸을 때 어떻게 행동하면 될까? 연준이 "이제부터 긴축을 끝내고 양적완화를 시작합니다"라고 공식 발표를 하면, 그때부터 S&P 500 지수 상품을 매수하면 된다. 그렇다면 연준이 긴축을 끝내고 양적완화를 시작한다는 것을 알리는 '행동'은 무엇일까? 기준금리 인하다. 정말 쉽지 않은가!

그러면 S&P 500 지수 상품을 언제까지 가지고 있으면 될까? 연준이 "이제부터 긴축을 시작합니다"라고 공식 발표를 할 때까지 가지고 있으면 된다. 대략 7~10년 정도의 시간이 걸린다. 연준이 양적완화를 끝내고 긴축을 시작한다는 것을 알리는 '행동'은 무엇일까? 기준금리 인상이다. 이 역시 쉽지 않은가! 연준이 기준금리 인상을 시작하면 S&P 500 지수 상품을 내다 팔면 된다. 그러면 경기 침체기에 발생하는 주식시장 대폭락을 피할 수 있다. 내가 위에서 이야기했던 세 가지 내용을 다시 떠올려보자. 그리고 지금까지 말한 내용은 아래 세 가지 문구에 모두 해당한다.

- 경기 호황기과 침체기는 일정한 패턴이 있고, 각각의 시작과 종료를 알리는 '신호'가 분명하게 있다.
- 경기 침체기에 S&P 500 지수 하락률이 가장 크다.
- 만약 경기 침체기에 가장 큰 하락폭을 보이는 폭락장의 손실을 피하거나 역이용할 수 있으면 연평균 2.3퍼센트 이상으로, 즉 화폐가치 하락분을 상쇄할 만큼 추가적인 복리수익률을 높일 수 있다.

그런데 여기서 투자 지식이 조금이라도 있는 분들은 다음과 같은 새로운 질문을 한다.

"기준금리 인상이 시작될 때 S&P 500 지수 상품을 팔면 대폭락은 당연히 피할 수 있죠. 그런데 기준금리 인상기부터 대폭락 직전까지도 주식시장은 추가 상승을 하는 경우가 많습니다. 대폭락을 피하려다 그 기간의 수익률도 함께 포기해야 하는 것 아닙니까? 그러면 아무런 의미가 없는데요?"

맞다. 이 정도를 생각한다면 당신은 상당한 투자 지식을 갖춘 사람이다. 칭찬할 만하다. 그래서 대폭락의 하락분은 피하고, 기준 금리 인상기에도 추가로 S&P 500 지수가 상승하는 것을 대체할 새로운 대안을 사용해야 한다. 그것이 바로 '미국 국채'다. 아래 표를 보자. 내가 두 그래프를 하나로 묶었다. 위쪽의 그래프는 S&P 500 지수와 미국 국채를 60:40으로 섞어서 보유했을 때의 수익률이다. 아래쪽의 그래프는 같은 기간 S&P 500 지수의 상승과 하락 움직임이다.

[표 26] '주식 60 – 채권 40' 포트폴리오 수익률과 S&P 500의 변화 추이

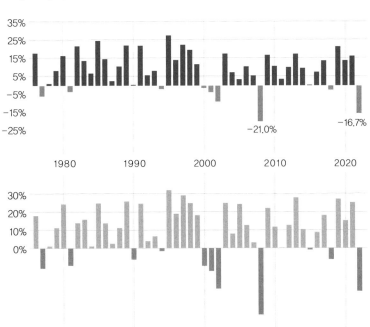

두 개의 그래프 비교에서 얻어지는 결론은 'S&P 500 지수와 채권을 섞어서 보유하고 있는 것만으로도 하락장에서 손실률을 축소할 수 있다'는 것이다. 그 이유는 무엇일까? 미국 국채는 경기가 침체에 빠지고 주식시장이 대폭락을 하는 위기가 발생하면 '안전 자산'에 대한 수요가 늘어나면서 수익률이 상승한다. 그래서 S&P 500 지수와 미국 국채를 섞어서 보유하는 투자자는 주식시장 하락의 손실을 국채 가격의 상승으로 일부 상쇄하는 효과를 보게 된다. 그래서 엄청난 규모의 자금을 운영하는 기관 투자자들은 대체적으로 주식과 채권을 섞어서 보유하는 전략을 기본으로 한다. 하지만 개인 투자자에게는 이 방식보다 좀 더 나은 방법이 있다.

초보자를 위한 조언:
S&P 500과 미 장기국채

내가 연준이 긴축을 시작한다는 신호를 보내면 S&P 500 지수를 전부 팔라고 조언한 이유가 있다. 첫째, 대폭락을 피하면 S&P 500 지수가 발휘하는 연복리 수익률의 감소를 '일부' 없앨 수 있다. 지난 100년 동안 S&P 500 지수의 연복리 8퍼센트 수익률은 대폭락 때 발생한 하락분까지 전부 포함한 수치이기 때문이다. 상식적으로, 대폭락만 피하면 연복리 8퍼센트를 초과하는 수익률을 낼 수 있다.

하지만 문제가 하나 있다. 누구도 대폭락의 그 날과 그 시간을 알 수 없다는 점이다. 우리가 예측을 통해 알 수 있는 것은 대폭락이 일어날 가능성이 높아지는 '신호'와 '패턴'뿐이다. 그래서 나는 대폭락이 일어날 가능성이 높아지는 신호와 패턴이 발생하는 '전

구간'을 피하는 전략으로 대폭락을 피하면 된다고 말하는 것이다. 하지만 이 전략에도 숨은 문제가 하나 있다고 말했다. 대폭락이 일어날 전체 구간을 피하게 되면, 그 구간에서 S&P 500 지수가 올릴 수 있는 수익률도 함께 포기할 수밖에 없다는 것이다. 우리는 그 수익률을 다시 되찾아야 한다.

다음 [표 27]은 그 방법을 설명하기 위한 그래프다. 기준금리 움직임과 미국 10년물 장기 국채금리(수익률)의 움직임을 비교한 것이다. 결론부터 말하면, 기준금리가 오르면 미국 10년물 장기 국채금리도 오른다. 반대로 기준금리가 내리면, 미국 10년물 장기 국채금리도 내린다. 확률적으로 가장 높은 동조화 패턴을 가지는 상당히 예측 가능한 움직임이다. 그 원리가 무엇일까?

[표 27] 미국 기준금리와 10년물 장기 국채금리의 움직임 비교

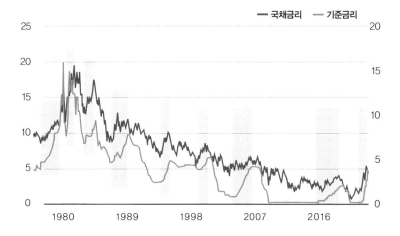

원리가 궁금한 독자를 위해, 미국 10년물 장기 국채금리와 기준금리의 관계를 설명해보겠다. 채권시장의 가장 중요한 힘은 기준금리다. 기준금리가 인상되면 채권금리도 상승한다. 지금 기준금리가 매우 높다면, 채권금리도 높을 수밖에 없다. 기준금리가 인하되면 채권금리도 하락한다. 그래서 지금 기준금리가 낮다면, 채권금리도 낮을 수밖에 없다. 이 패턴이 크게 움직이는 흐름 안에서, [표 28]처럼 그때그때 발생하는 다양한 사건에 따라서 국지적으로 채권금리의 움직임이 달라진다. [표 28]은 미국 기준금리와 10년, 20년, 30년 미국 국채금리의 움직임을 비교한 것이다.

나의 분석에 따르면 미국 연준의 기준금리 움직임을 기준으로 10~30년물 미국 장기 국채금리의 움직임은 5단계로 구분된다. 그래프를 쉽게 이해하기 위해 기준금리 인하 시작을 장기 국채금리의 움직임을 설명하는 시작점으로 삼았다.

- 1단계: 경기 침체 발발(기준금리 대인하), 안전자산 선호도 증가로 미국 장기 국채 수요 상승(국채가격 상승), 10~30년물 장기 국채금리 하락
- 2단계: 경기 침체 후 경제의 기술적 반등기(양적완화 효과 초기), 미국 장기 국채 발행량 증가(국채가격 하락), 10~30년물 장기 국채금리 상승
- 3단계: 기준금리 인상 직전(긴축 시작기), 안전자산 선호도 증

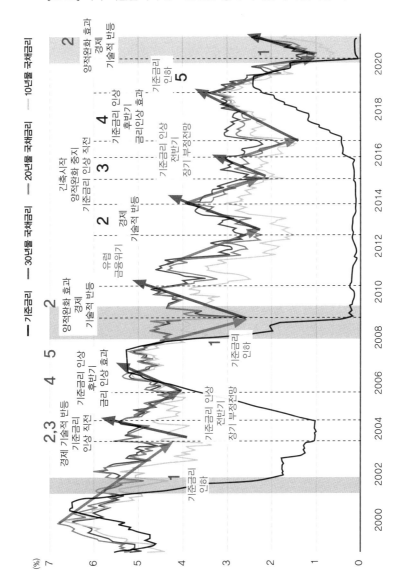

[표 28] 미국 기준금리와 10~30년물 장기 국채금리의 움직임 비교

139

가로 미국 장기 국채 수요 상승(국채가격 상승), 10~30년물 장기 국채금리 하락

• 4단계: 기준금리 인상 중후반기, 위험자산 선호도 회복, 기준금리 인상분 반영으로 10~30년물 장기 국채금리 재상승

• 5단계: 기준금리 인상 최고점 부근 도달, 경기 침체 우려 증가로 안전자산 선호도 증가하면서 10~30년물 장기 국채금리 하락

일반적으로 미국 중앙은행이 주도하는 양적완화의 효과가 나타나기 시작하면 미국 장기 국채금리는 기술적 반등을 시작하고, 양적완화 효과가 끝나가면 기술적 하락을 한다. 참고로, 2011~2012년의 경우 미국 경제는 흔들리지 않았지만, 유럽에서 금융위기가 지엽적으로 발생하면서 안전 자산인 미국 국채 수요가 늘어났고 그 결과 장기 채권금리가 하락했다. 대체적으로 미국 장기 채권시장의 장기 추세는 우하향하는데, 이는 미국 중앙은행의 기준금리의 장기 추세가 우하향하기 때문이다.

단기 국채금리와 장기 국채금리 간의 관계도 알아두면 유용하다. 먼저 둘 간의 금리(수익률) 차이다. 장기 국채금리는 단기 국채금리보다 일반적으로 높다. 돈을 오래 빌려줄수록 불확실성이 커지기 때문이다. 이런 이유로 돈을 오래 빌려주는 장기 국채가 (단기 국채 금리보다) 높은 금리를 주는 게 상식이다.

수요와 공급 면에서도 장단기 국채를 비교해볼 수 있다. 수요

측면부터 살펴보자. 투자자들은 경제가 침체에 들어간다는 불안이 커지면, 단기 채권은 매도하고 만기가 긴 채권을 대거 사들인다(하지만 채권금리의 기준이 되는 기준금리가 상승하는 것이 반영되어 단기 장기채의 평균 금리는 높아진다). 그러면 장기 채권의 금리(수익률)는 하락(가격은 상승)하고 단기 채권의 금리가 더 높아진다. 물론 연준이 기준금리를 내리면 단기 국채금리, 장기 국채금리 모두 하락한다. 채권금리에 기준금리의 하락이 반영되기 때문이다. 그리고 대체적으로 연준이 기준금리를 내리는 상황은 글로벌 경기 침체가 발생하는 상황이다. 이런 상황에서는 전 세계에서 가장 안전한 자산인 미국 국채의 수요가 증가하기 때문에 미국의 단기 국채금리, 장기 국채금리가 모두 하락한다. 반대로 연준이 기준금리 인하를 끝낸 후에 경제가 위기에서 벗어나면 위험자산 선호도가 증가한다. 그러면 안전자산에 속하는 국채 수요가 감소하면서(국채가격 하락) 국채금리(수익률)도 상승을 멈추고 조정을 받는다.

다음으로 공급 측면을 살펴보자. 미국 정부가 적자 재정을 늘리기 위해 장기 국채 발행을 늘리면 장기 국채가격은 하락하고 금리는 높아진다. 반대로 미국 국채 공급이 감소하면, 국채가격이 상승하고 금리는 하락한다. 참고로, 미국은 오랫동안 경제 호황기와 경제 위기 시에 모두 국채 공급량을 늘렸다. 그만큼 국채가격은 장기적으로 하락하고 국채금리는 상승해야 하는 게 맞다. 하지만 선진국(유럽, 일본) 중에서 미국 경제가 가장 탄탄하고, 위기 때마다 안전

자산인 국채 수요가 더 증가하여 장기적으로 국채금리가 하락하는 기현상이 발생 중이다. 이는 국가 간 국채 안전성 평가의 상대성 때문이다.

우리는 이런 원리를 이용해서 기준금리가 오를 때, 미국 장기 국채금리가 오르면 수익이 나는 금융 상품을 매수할 것이다. 그리고 미국 연준이 기준금리를 내리기 시작할 때, 장기 국채금리가 내리면 수익이 나는 금융 상품을 매수할 것이다. 이렇게 기준금리가 오를 때, 대폭락을 피하기 위해 S&P 500 지수를 매도하는 전략으로 포기한 수익률은 긴축 기간에 예측 가능하게 움직이는 국채 상품에서 보전받으면 된다. 이것으로 초보자들도 충분히 따라할 수 있는 'S&P 500 지수와 미국 장기국채'를 활용한 금융 포트폴리오가 완성되었다.

5070세대,
1억으로 은퇴 준비 끝내기

다음은 지금까지 설명한 내용을 모두 반영한 포트폴리오 순환 전략의 실례 중 하나다.

먼저, 경제 호황기에는 S&P 500 지수를 따라 움직이는 ETF(SPY)를 매수한다. 그러다가 미국 연준이 긴축정책을 시작한다고 발표하면, S&P 500 지수를 따라 움직이는 ETF(SPY)를 매도하고, 미국 장기 국채금리가 상승할 때 수익을 내는 ETF(TBF)를 매수한다. 그리고 미국 연준이 기준금리 인상을 끝냈다고 발표하면, 미국 장기 국채금리가 상승할 때 수익을 내는 ETF(TBF)를 매도하고, 장기 국채금리가 하락할 때 수익을 내는 ETF(TLT)를 매수한다. 연준이 기준금리 인하를 시작하고 경기 침체가 발생하면 미국 장기 국채금리가 하락할 때 수익을 내는 ETF(TLT)가 큰 이익을 낼 것이다.

거시적 경제금융 흐름에 따른 포트폴리오 순환 전략

S&P 500 → 미국 국채(금리 상승, Inverse) → 미국 국채(금리 하락) → S&P 500

SPY (종목코드)　　　TBF(20+)　　　TLT(20+)　　　SPY

마지막으로, 연준이 기준금리 인하를 끝냈다(더 이상 기준금리 인하를 할 필요가 없다)고 발표하면, 미국 장기 국채금리가 하락할 때 수익을 내는 ETF(TLT)를 매도하고, 다가올 경기 침체 탈출과 새로운 경기 호황기를 위해 S&P 500 지수를 따라 움직이는 ETF(SPY)를 다시 매수하면 된다.

참고로 ETF는 'Exchange Traded Fund'의 약자로 주식시장에 상장된 펀드를 말한다. 투자자들이 개별 주식을 고르는 데 수고를 하지 않아도 되는 펀드 투자의 장점과 언제든지 시장에서 원하는 가격에 매매할 수 있는 주식투자의 장점을 모두 가지고 있는 상품으로, 인덱스펀드와 주식을 합친 형태다. S&P 500 같은 시장지수를 추종하는 ETF 외에도 배당주나 가치주 등 다양한 스타일을 추종하는 ETF들도 상장되어 있다.

나는 이것을 '거시적 경제금융 흐름에 따른 포트폴리오 순환 전략'이라고 부른다. 일반인도 누구나 쉽게 따라 할 수 있는 은퇴 준비 전략이다. 이 전략을 구사하면 (투자자의 매매 타이밍에 따라 차이가 있겠지만) 대략 연복리 12~14퍼센트의 수익률을 만들 수 있다. 나는 전문 투자자가 아니더라도 이 전략을 10년만 착실하게 구사하면 미래를 단단하게 만들 은퇴 준비가 가능하다고 본다.

[표 29]의 계산표를 보라. 50세 가장이 최초의 투자 금액 1억 원을 가지고 앞에서 언급한 포트폴리오 전략을 착실하게 수행하여 연복리 12퍼센트의 수익률을 매년 기록하면, 10년 후인 61세 1월부터 자신의 투자 계좌(347,854,999원)에서 매월 생활비 300만 원씩을 꺼내 쓸 수 있다(1년 3,600만 원). 그리고 80세 1월부터는 매월 꺼내 쓸 수 있는 생활비를 400만 원씩으로 늘려도 된다. 그러고도 자녀에게 3억 원 정도의 돈을 유산으로 물려줄 수 있다. 바로 이런 이유로 나는 5070세대 가장이라도 다른 무리하고 이상한 방법을 쫓아 다니지 말라고 조언한다. 70세가 되었어도 늦지 않았다. 10년만 '차근차근 준비'하면 된다! 참고로 내가 소개한 방법과 포트폴리오 이외에도 좋은 투자법은 많다. 한국 종합주가지수 상품과 한국 국채를 이용해도 비슷한 효과를 낼 수 있다. 미국보다 약간 수익률이 낮을 뿐이다.

내가 강조하고 싶은 것은 단 하나다. 지혜로운 은퇴 준비를 위해 '금융연금'이라는 개념을 반드시 기억하자. 만약 투자를 하고 있는 독자라면 이 말도 함께 기억했으면 한다. "금융연금의 효과를 얻으려면, 투자를 도박처럼 하면 안 된다."

마지막으로 한 가지만 더 말하고 이번 장을 끝내도록 하자. 내

[표 29] 5070세대의 은퇴 준비 전략(연복리 12퍼센트)

61세 1월부터 매월 300만 원씩 생활비 인출
80세부터는 매월 400만 원씩 생활비 인출

나이	복리수익률	투자 계좌 잔고 ①	생활비 출금 ②	최종 투자 잔고 (①-②)
51세 시작	12%	100,000,000		100,000,000
60	12%	310,584,821		310,584,821
61	12%	347,854,999	**36,000,000**	311,854,999
70	12%	368,874,847	36,000,000	332,874,847
80	12%	438,104,284	**48,000,000**	390,104,284
90	12%	417,265,409	48,000,000	369,265,409
100	12%	352,543,024	48,000,000	**304,543,024**

3억 원가량 유산 상속

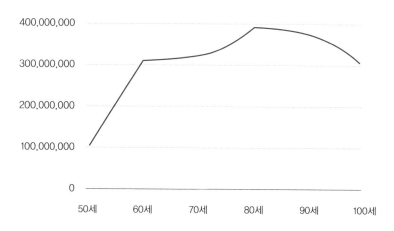

가 이 지혜를 나누고 나면 가끔 이런 질문을 하는 분들이 있다.

"왜 이런 쉬운 방법을 사람들이 모를까요?"

나의 대답은 이렇다.

"S&P 500, 국채 투자도 다 압니다. 하지만 이렇게 연결시키면 연복리 12~14퍼센트의 수익을 낼 수 있다는 것, 그리고 그 수익률을 장기로 늘리면 이런 금융 효과가 난다는 것을 계산해보지 않은 것뿐입니다."

내가 이렇게 대답하면 또 한 가지 질문이 더 나온다.

"이렇게 쉬운 방법이 있는데, 왜 사람들은 돈을 벌지 못하는 건가요?"

나의 대답은 이렇다.

"욕심 때문입니다. 내가 1년에 8퍼센트 수익률을 이야기하면, 사람들은 8퍼센트로 만족하지 못합니다. 하루에도 8퍼센트를 벌 수 있는데, 1년 8퍼센트 수익률이 눈에 들어올까요? 이런 욕심에 빠지면, 1년 12~14퍼센트로도 만족하지 못합니다. 그래서 이런 느리고, 재미없고, 작은(?) 수익률에는 귀 기울이지 않는 것입니다."

3

장

미래를 단단하게 만드는 미래학자의

두 번째 도구:
소유의 사명

THREE TOOLS OF THE FUTURIST

거꾸로 돈이 나를 다스리는 삶에 빠지지 않으려면

내가 계속해서 '금융연금' 개념을 강조하고 '거시적 경제금융 흐름에 따른 포트폴리오 순환 전략'을 알려주는 이유는 "모두 부자 되세요!" 같은 말을 외치기 위함이 아니다. 그보다는 미래의 가난, 궁핍함에서 벗어나는 방법이 '지혜'의 영역에 속한다는 것을 말하고 싶어서다. '준비'의 영역에 속한다는 것을 말하고 싶어서다. 더구나 지금까지 내가 말한 지혜는 나만의 노하우가 아니다. 워런 버핏 버크셔 해서웨이 회장도 이런 말을 했다.

"잠자는 동안에도 돈이 들어오는 방법을 찾아내지 못한다면 당신은 죽을 때까지 일을 해야 한다."

지혜가 없고, 준비하지 않으면 미래에 가난이 도둑처럼 찾아온다. 그러니 이제부터 지혜를 친구 삼고, 부지런히 노력하라. 그러면 누구나 내가 쓸 것을 넘어서는 소유를 얻을 수 있다. 100~120세 시대를 살아갈 미래 준비도 누구나 가능하다. 시간이 돈을 다스리게 만드는 데는 10년이면 충분하다. 나는 이것을 '10년의 법칙'이라 부른다. 시간의 힘을 50년으로 늘리면 더욱 놀랍다. 지금 당신의 손에 들린 돈에 50년이라는 시간의 힘이 곱해지면 그 돈은 700배로 늘어난다. 그래서 나는 늘 이렇게 말한다.

"모든 돈에는 액면가 700배의 잠재력이 있다."

만일 버핏이 65세에 사망했다면 그의 재산은 어떻게 될까. 현재 820억 달러(93조 5,538억 원)로 추정되는 그의 재산 중 90퍼센트가 사라지게 된다. 현 재산의 10분 1만 남는다. 반대로 해석하면 이는 버핏이 현 재산의 90퍼센트를 65세 이후에 일궜다는 의미다. 나도 돈을 액면가로 계산하지 않는다. 세 번의 실패를 경험한 뒤, 나는 돈을 '시간의 힘'으로 계산한다. 그래서 돈에 대한 두려움이 없다. 언제든 돈은 필요한 만큼 다스릴 수 있다. 시간의 힘을 알기에, 지금 당장의 경제적 어려움을 얼마든지 견뎌낼 수 있는 것이다.

이제 나에게는 돈을 잃는 것보다 시간을 잃는 것이 더 크게 다가온다. 돈을 쉽게 벌려고 해서는 안 된다. 애초에 돈은 쉽게 벌어지는 것이 아니며 쉬운 것에는 그만큼의 위험이 따른다. 쉽게 번다는 것은 빨리 번다는 의미다. 그러나 돈을 벌 때도 우리는 수고를 하고 노력을 해야 한다. 바로 '시간의 수고'와 '인내의 노력'이다. 투자의 본질은 사고파는 행위가 아니다. 그것은 '시간을 돈으로 바꾸는 행위'다.

미래학자인 나에게 많은 사람들이 묻는다. "인공지능 같은 기술이 발달하면 인간의 일자리가 모두 사라지고, 소수의 사람이나 기업이 모든 부를 독점하는 비참한 미래가 오지 않을까요?" 나는 단연코 아니라고 대답한다. 첫째, 기술이 아무리 발달해도 인간의 일자리는 없어지지 않는다. 과거의 일자리가 사라지고, 새로운 일자리가 만들어질 뿐이다. 과거의 직업은 사라지지만 새로운 직업이 만들어진다. 둘째, 최악의 경우를 상정하여 99퍼센트의 부를 한 회사가 독점한다고 가정해보자. 상관없다. 그 회사의 주식을 사서 공동 소유권을 획득하면 된다. 한 국가가 99퍼센트의 부를 독점한다고 가정해보자. 두려워할 필요 없다. 그 나라의 인덱스(지수)를 사서 국가 자본의 공동 소유권을 획득하면 되기 때문이다. 그 나라 시민은 되지 못해도, 그 나라 총생산의 지분은 획득할 수 있다. 이것을 알면 미래를 두려워할 필요가 없다.

나는 자본주의가 만들어낸 최고의 분배 시스템이 바로 '금융 시스템'이라고 생각한다. 그리고 자본주의 금융 시스템 안에서 작동하는 투자시장의 기본 원칙은 '부의 분배'다. 그 분배가 단기적인지, 장기적인지의 차이일 뿐이다. 그러나 대부분의 사람이 그 시스템 안에서 투자를 마치 게임 혹은 도박처럼 한다. 시간과 수고를 들여 공부하지 않고 주사위 놀이나 홀짝 맞추기 게임을 하듯 투자를 하는 것이다. 그러면 부의 분배 효과를 절대 얻을 수 없다. 민주주의

153

시스템이 인류가 만들어낸 최고의 시스템 중 하나이지만 악·오용하는 사례가 넘쳐나는 것과 마찬가지다. 누구나 금융 시스템의 본질을 이해하고, 시간을 활용하는 지혜를 발휘하면 돈을 이길 수 있다. 아이들의 미래, 젊은이의 미래, 은퇴의 미래의 최대 적인 돈을 이길 수 있는 것이다.

내가 이런 지혜를 나누는 데에는 한 가지 이유가 더 있다. 나의 철학 중 하나인 '소유에도 사명이 있다'는 것을 나누기 위해서다. 나는 경제적 실패와 성공의 경험을 통해 다음과 같은 사실을 깨달았다.

> "돈이나 물질에게 지배당하지 않으려면, 소유의 사명을 아는 지혜가 필요하다."

많은 사람들이 잉여 자산을 관리하는 데 실패한다. 경제적 지옥은 이때부터 시작된다. 잉여 자산이 발생한다는 것은 한마디로 '경제적 여유'가 조금씩 생기기 시작했다는 말이다. 사람들은 경제적 여유가 생기면 '자만'에 빠진다. 이번 달에 발생한 잉여 자산이 다음 달에도, 내년에도 계속 발생할 것이라는 자만이다. 이 자만심이 마음을 가득 채우는 순간, 아직 발생하지 않은 미래의 잉여 자산을 미리 가져다 쓰는 어리석은 행위를 시작하게 된다. 바로 빚이다. 그렇게 오늘의 잉여와 미래의 잉여를 마구 끌어다 무분별한 소비에

허비한다. 심지어 미래에 지출해야 할 돈까지 끌어다 쓴다. 이런 상황에 이르게 되면 내가 돈을 다스리는 것이 아니라, 돈이 나를 다스리는 생활이 시작된다. 그리고 평생을 돈에 끌려 다니게 된다. 정확하게는 '빚'에 끌려 다닌다. 빚을 갚으려고 삶의 모든 중요한 것을 뒤로 미루고 포기한다. 나의 행복, 삶의 여유, 가족의 사랑, 이웃을 돌아보는 넉넉한 마음 등 모든 것을 버리게 된다. 이런 삶이 돈에 지배당하는 인생이다. 그리고 내 경험상, 이런 지옥 같은 삶은 '잉여 자산'을 어떻게 다루어야 하는지 알지 못하는 데서 시작된다.

돈 버는 지혜와
소유의 사명을 아는 지혜

나는 그동안 자신의 빚이 얼마인지도 모르는 상태에 놓인 사람들을 많이 만나보았다. 우선 이런 사람들에게는 다음과 같은 '용기 있는 행동'을 하라고 조언하고 싶다. 빚의 굴레에서 벗어나는 방법이다. 빚의 굴레에서 한 번에 벗어나는 마법은 존재하지 않는다. 아래와 같은 정석만 있다.

1. 불필요한 지출을 멈춰라. 가구나 전자기기 같은 물건들의 신규 구입을 당분간 미뤄라.

2. 급하지 않은 지출도 미뤄라. OTT, 음악 구독, 문화생활, 외식, 신발, 의류 등이 여기에 해당한다.

3. 불필요한 재화를 매각하라. 재화財貨는 '재물 재', '물건 화' 자

156

를 쓴다. 재화는 일상의 필요한 것 중에서 쌀, 옷, 책, 가구, 자동차, 집처럼 만질 수 있는 것을 의미한다. 이런 것들 중에서 당장 효용가치가 낮은 것은 과감하게 팔아서 현금화하라.

4. 비효율적인 재정지출을 효율화하라. 보험 재설계, 사교육비 재설계, 통신비 재설계, 식비 및 공과금 재설계 등이다.

5. 감정이 바라는 것을 참고 연기하라. 원하는 것을 영원히 사지 말라는 뜻이 아니다. 내 마음, 내 감정이 충동적으로 원하는 것을 지금 당장은 충족시켜주지 말라는 뜻이다. 조금만 참고, 미래의 어느 날로 연기하라.

6. 금리인하 요구권, 저금리 대출 교체 등으로 단 1퍼센트라도 이자 비용을 조정하라. 1,000만 원의 1퍼센트면 10만 원이다. 이 10만 원을 연 14퍼센트 복리수익률로 50년을 묻어두면 7,000만 원이 된다.

7. 추가로 빚을 내지 말라. 신용카드 사용을 축소하고 현금만 사용하라. 매달 재정운용을 흑자로 돌려라.

이런 정석을 행동으로 옮기면 누구나 최소 10퍼센트에서 최대 50퍼센트까지 매달 지출비용을 줄일 수 있다. 그 돈으로 차근차근 빚을 갚아라. 최악의 경우 이런 방법으로도 빚을 갚을 수 없는 상황이라면 손절하는 것도 용기다. 집, 차, 사업 등 더 망가지기 전에 손절하라. 개인회생도 고려해볼 수 있다. 이런 것들을 손절하고 포기한다고 인생이 끝나지 않는다. 나의 지혜가 부족했던 것에 대한 대가로 받아들이고 손해를 감수하라. 그리고 다시 차근차근 시작하면 된다. 인생은 길다.

빚을 갚거나 손절하고 나면 이제부터는 지혜를 친구로 삼고 부지런히 노력하라. 잉여 소유가 발생하면, 추가 소비로 이를 없애버리지 말라. 대신 저축할 돈으로 만들라. 자산 증식용이 아닌 현금 유동성 확보용 저축이다. 즉 투자할 돈을 만드는 것이다. 자산 증식은 저축이 아니라 건강한 투자로 한다. 지금 당신 손에 들린 돈을 액면가로 바라보지 말라. 당신이 만든 잉여 자산에 50년이라는 시간의 힘을 곱하면 700배가 된다. 돈을 시간의 힘으로 계산하라. 700배의 효과를 생각하면, 그 작은 잉여 자산이 당신의 미래를 바꿀 수 있다.

이렇게 지혜를 친구 삼아 부지런히 노력하여 잉여 자산이 발생하기 시작하고, 그것을 불려 가는 단계에 들어서면, '소유에도 사명이 있다'는 나의 말을 꼭 기억하길 바란다. 자본주의 시대, 우리는 돈 없이 살 수 없다. 그래서 '반드시' 지혜를 친구 삼고, 부지런히 노력해서 내가 쓸 것을 넘어서는 잉여 자산을 만드는 데까지 나아가야 한다. 하지만 아무리 자본주의 시대를 살아도, 아무리 돈이 인생에서 중요한 역할을 담당해도, 나의 인생이 끝까지 행복하려면 돈을 버는 지혜와 더불어 소유의 사명을 아는 지혜도 가져야 한다. 지금부터 이 이야기를 해보도록 하자.

소유의
진짜 정체 파악하기

이 장에서는 좁게는 '돈' 혹은 '부富'에 관한 이야기, 넓게는 '소유所有'에 관한 이야기를 해보려 한다. 노파심에서 강조하건대, 내가 돈에 대해서 이야기한다고 해서 이 책이 '부자 되기'를 격려하거나 '당신은 반드시 부자가 되어야 한다'거나 '부자 되는 것이 성공의 척도'라는 말을 하려는 것은 절대 아님을 밝힌다. 나는 '부자 되기'를 인생의 목표로 삼는 것을 별로 좋아하지 않는다. 뒤에서 자세히 말하겠지만, 돈을 목표로 삼기에는 한 사람의 인생이 너무 귀하다. 천하보다 귀하다. 그러니 돈을 인생의 목표로 삼아선 안 된다. 돈은 자본주의 시대를 살아가는 데 필요한 요소 중 하나일 뿐이다. 돈은 과정이지 결과가 아니며, 인생의 수단이지 척도가 아니다. 한 인생의 척도는 자기 이름의 '가치'다.

돈을 인생의 목표로 삼지 말자. 돈이 목표가 되어버리면 말년에 인생의 허무를 고백하게 된다. 인생은 행복하기 위해 애쓰고 가치 있게 만들어야 하는 것이지, 돈을 벌기 위해서만 달려가서는 안 된다. 재물은 스스로 날개를 내어 하늘을 나는 독수리처럼 날아간다. 돈만을 좇다 보면 갖가지 유혹과 올무에 걸려 넘어지게 되고, 어리석고 해로운 욕심에 떨어지고, 근심에 찔려서 결국 나의 미래를 파멸과 멸망에 빠뜨리기 쉽다.

사전에서 '부'는 '넉넉한' 재산을 가리킨다. 그래서 우리는 재산이 '매우 넉넉하게 많은 사람'을 부자富者라고 부른다. 나는 이것을 '넉넉한 재산'의 넓은 개념으로 분류한다. 그러나 내가 이번 장에서 언급할 '부'는 이런 넓은 개념이 아닌 좁은 개념의 '부'다. 내가 사용하는 좁은 개념의 '넉넉한 재산'은 자본주의 시대에서 생존에 필수적인 돈을 제외하고 남은 '잉여 자산'을 가리킨다.

그렇다면 잉여 자산은 어떻게 만들까? 잉여 자산을 만드는 방법은 '근검절약'과 '재투자'다. 근검절약이란 부지런히 일하고, 검소하고(사치하지 않고), 돈을 함부로 쓰지 않고 꼭 필요한 곳에만 쓰는 태도다. 오늘날 자본주의가 기울어진 운동장으로 변질되긴 했지만 지금도 근검절약과 재투자를 지혜롭게 실행하면, 누구에게나 나름의 잉여 자산이 계속 만들어지고 규모도 늘어난다. 단지 사람마다 잉여 자산의 크기가 다를 뿐이다. 소수의 사람들이 평범한 사람들보다 더 많은 돈을 가지는 불균형이 과거보다 더 커졌을 뿐이다. 그럼에도 불구하고, 여전히 근면한 사람은 생존에 필요한 돈을 얻고, 부지런한 자의 경영은 행복을 지킬 만큼의 풍부함에 이를 수 있다. 잉여 자산은 지혜롭게 투자하고, 참고 기다렸을 때 언젠가는 이윤 return이 되어 돌아온다.

이번엔 소유에 대한 이야기를 해보자. 소유는 '내가 갖고 있는 모든 것'을 가리킨다. 물론 돈도 그중에 하나다. 우리에게는 돈 이외에 무엇이 있는가? 건강이 있고, 재능이 있고, 아름다운 마음이 있다. 가족도 있고, 이웃도 있다. 일자리도 있고, 피곤한 몸을 눕혀 쉬게 할 보금자리도 있다. 그렇다. 소유의 개념에서 둘러보면, 우리는 가진 것이 매우 많은 사람들이다. 그런데도 돈 하나 때문에 나머지 가진 모든 것들을 망가뜨리는 인생이 너무 많다. 더 나은 미래를 만드는 데 돈은 필수다. 하지만 더 나은 미래는 돈만으로 만들어지지 않는다. 더 나은 미래는 우리가 지금 가지고 있는 '소유'를 어떻게 단단하게 만들 수 있느냐에 달려 있다.

소유를 단단하게 만드는 첫걸음, 자족

소유를 단단하게 하는 비결은 '자족自足, self-sufficiency'에서 시작한다. 자족의 사전적 의미는 '스스로 넉넉함을 느끼는 상태'다. 그렇다면 자족은 어떻게 얻을 수 있을까?

내 경험에 따르면 자족도 훈련을 통해 배울 수 있다. 자족을 훈련하면, 비천에 처할 줄 알고 풍부에 처할 줄도 알며 배부름과 배고픔과 풍부와 궁핍에도 처할 줄 아는 일체의 비결을 터득하게 된다. 자족을 훈련하면, 부에 대한 올바른 마음을 갖고 행동할 수 있는 강력한 힘이 길러진다.

또한 자족은 진리를 깨우칠 때 얻을 수 있다. 바로 우리가 세상에 아무것도 가지고 온 것이 없으며 또한 아무것도 가지고 가지 못한다는 진리 말이다. 이 진리를 깨달으면, 먹을 것과 입을 것이 있는 것만으로도 만족할 수 있게 된다. 많은 이들이 갖는 오해 중 하나가 자족은 '상당한 수준의 잉여 재산이 있는 상태'가 되었을 때나 가능한 행동이라는 것이다. 혹은 돈에 얽매이고, 의지하고, 물들고, 혹은 돈을 사랑하는 마음은 부자에게만 있다는 착각이다. 다시 말해 "나는 가난하기 때문에, 잉여 재산(돈과 재물)이 적기 때문에, 아직은 자족을 말할 상태가 아니다. 또한 나는 가난하기 때문에 돈에 얽매이고, 돈에 의지하고, 물들고, 돈만 사랑하는 어리석음을 범하지 않는다"라는 식이다.

그러나 이는 착각이다. 자족은 '마음의 상태' 그 자체지, 소유의 규모와 관계없다. 자족하는 마음을 갖지 못하면 더 많은 것을 갖고, 더 높은 곳에 올라가고, 더 많은 사람에게 둘러싸여 환호를 받아도 행복하지 못하다. 반대로 자족하는 마음을 가지면 가진 것이 부족하고 낮은 자리에 있어도, 심지어 건강을 잃어도 행복한 상태를 유지할 수 있다. 자족하는 마음이 없으면 아무리 많은 것을 손에 쥐고 있어도 만족하지 못한다. 반면 자족하는 마음이 있으면 적은 소유라도 인생이 단단해진다.

나는 세 번째 실패의 시간에 아이가 중환자실에 입원하는 아픔까지 겪었다. 그 고통의 시간을 견딜 수 있게 한 마음은 '자족'이었다. 좋은 의사를 만나 더 위험한 상황에 빠지지 않게 된 것이 감사했다. 아이가 죽지 않고 살아서 내 곁에 남아준 것에 감사했다. 내 주위에 여전히 함께 울고, 함께 위로하고, 함께 '잘해보자'고 격려하는 가족이 있어서 행복했다. 그렇다. 내 손에 있는 돈 몇 푼으로 희로애락하면 안 된다. 아무리 실패했어도, 돈을 잃었어도, 아직 내 주위에는, 내 안에는, 내 손에는 소중한 것과 소중한 사람, 소중한 시간이 많이 남아 있다. 없는 것과 이미 없어진 것, 내가 가지지 못한 것을 보지 말고 내가 가진 소유를 보고 자족해야 한다. 그래야 다시 일어설 수 있고, 행복을 빼앗기지 않을 수 있다.

누구나 알 것이다. 자신이 처한 상황을 자족하는 데서 오는 기쁨과 만족은 돈으로 살 수 있는 기쁨이나 만족과는 다르다는 것을. 자족은 마음이 넉넉해지는 것이다. 이런 말이 있다. "음식은 배고픈 만큼 맛있고, 행복은 고생한 만큼 커진다." 내가 지금 가진 것만으로도 내게 족하다는 마음의 훈련을 하라. 이 훈련을 할수록 우리의 마음은 깨끗해지고, 미래는 단단해질 것이다.

자족에 대해 조금만 더 깊게 들어가 보자. 자족은 다음 세 가지를 아는 것이다. 첫째, 자기가 감당할 수 있는 재물과 부의 양이다. 재산이 많아지면 먹여 살려야 하는 사람도 많아진다. 재산이 늘어나면 지출도 늘어난다. 눈으로 보는 재미는 있겠지만 근심도 많아지고, 실제로 그 모든 재산을 다 쓸 수 있는 것도 아니기 때문에 실제 유익은 별로 크지도 않다. 빛 좋은 개살구라는 말이다. 재물과 부를 손에 쥐는 것과 누리는 것은 별개인 경우가 많다. 이 땅의 물질은 영원하지도 않다. 어느 날 한순간에 날아가버리는 허무한 것이다. 그러므로 우리 각자가 감당할 수 있는 재물과 부의 양을 아는 것이 중요하다.

둘째, 다른 사람이 가진 재물의 분량을 시기하지 않는 것이다. 자기 몫 이상의 부를 탐내서 남을 시기하면 관계가 깨진다. 재물을 탐내고 사랑하고 자기 것이라고 착각하면 만족이 없고, 만족이 없으면 남을 시기하고 원망하게 된다.

셋째, 이것이 가장 중요한데, 잉여 재물(부)과 잉여 소유에는 책임과 사명이 따른다는 사실을 아는 것이다. 소유가 많아질수록 부의 불균형 분배를 해결하는 '나눔'의 책임도 커진다. 사람이 돈을 버는 이유는 두 가지이어야만 한다. 하나는 자기 생존을 위해서다. 다른 하나는 '생존에 필요한 재물을 제외하고' 나머지 잉여 재물은 함께 일하는 사람들에게 정당한 급여로 나눠주고, 가난한 사람들에게 나눠주어서 이 땅에 존재하는 부의 불균형 분배(가난)를 해결하기 위함이다.

능력의 차이를 무시하고, 생산물을 똑같이 분배하는 공산주의 실험은 이미 실패로 결론이 났다. 오늘날 시간이 갈수록 자본주의가 망가져 가고 있긴 하지만 우리는 자본주의 시스템을 버릴 수 없다. 그냥 고쳐 써야 한다. 자본주의 경제 시스템에서 돈에 대한 경쟁은 피할 수 없다. 돈을 버는 능력의 차이로 발생하는 부의 불균형도 피할 수 없다. 자본주의 시스템의 치명적 약점이고 이 치명적 약점은 시간이 갈수록 커지는 추세다.

하지만 이 약점은 두 가지로 보완될 수 있다. 하나는 공정한 세금이다. 세금은 강제적으로 잉여 재물을 함께 사는 사람들과 나누는 제도적 장치다. 다른 하나는 재물을 각자 분량에 맞게 가난한 사람과 사회적 약자들에게 나눠주는, 부를 가진 사람들의 사회적 책임과 사명이다. 이 책임은 엄청난 부자들에게만 주어진 것이 아니다. 누구나 세금 납부의 책임이 있듯, 누구나 자기의 '생존을 위해 필요한 재물을 제외하고' 나머지 잉여 재물은 각자의 자리에서 다양한 방식으로 이웃과 나누어야 한다. 그러면 사회 전체가 풍족함과 윤택함을 얻는다. 이것이 더 나은 미래의 모습이다. 지혜의 왕 솔로몬은 이렇게 가르쳤다.

> "남에게 나누어주는데도 더욱 부유해지는 사람이 있는가 하면, 마땅히 쓸 것까지 아끼는데도 가난해지는 사람이 있다. 남에게 베풀기를 좋아하는 사람이 부유해지고, 남에게 마실 물을 주면, 자신도 갈증을 면한다."(잠언 11:24~25)

한 가지만 더 이야기하자. 사람이 자족 안에 머물면 자기보다 적게 가진 사람을 차별하거나 무시하지 않는다. 남보다 많이 소유함은 자랑의 대상이 아니라, 책임의 영역이라는 것을 알기에 겸손해지기 때문이다. 사람이 자족 안에 머물면 모든 사람을 동일하게 격려하고, 돌보고, 억울하게 하지 않고, 면제하고, 붙들어준다. 반대로 사람이 자족하지 못하면, 남보다 많이 가질수록 근심이 커지고,

166

소유는 자기를 찌르는 칼이 되고, 헛되고 악한 병이 되고 만다.

더 나은 미래를 만들고 싶은가? 그렇다면 우리가 지금 가지고 있는 '소유'를 단단하게 만들어야 한다. 그 방법은 부와 소유에 대한 초월적 태도인 '자족'에서 시작한다.

좋은 재투자의 세 가지 원칙: 사람, 국가, 기업

자족이 훈련되면 많은 것이 바뀐다. 돈을 대하는 태도도 바뀌고, 행복을 바라보는 관점도 바뀐다. 그리고 '재투자'에 대한 원칙도 바뀐다. 나는 재투자를 단순하게 '돈을 불리는 기술'로만 보지 않는다. 거기서 더 나아가 '미래의 더 많은 나눔'을 위해 '잉여 재산'을 관리하는 방법 중 하나로 여긴다.

근검절약이 착하고 지혜롭게 열심히 일하는 것과 관련된다면, 재투자는 착하고 지혜롭게 남기는 일이다. 다시 한번 강조하지만 자족하는 마음에서 '근검절약'과 '재투자'를 실행하면 누구에게나 나름의 '잉여 재산'이 계속 만들어지고 그 규모도 점점 늘어난다. 그럴 때마다 마음을 높이지 말고 정함이 없는 재물에 소망을 두지 말고 선을 행하며 선한 사업을 많이 하고 나누어주기를 좋아하며 너그러운 자가 되도록 힘써야 한다. 이것이 더 나은 미래, 더 단단한 미래를 만드는 준비다.

나의 기준에서는, 잉여 재산(돈과 재물)의 재투자는 대략 다음 세 가지 영역에서 이루어지는 게 좋다.

첫째, '사람'에게 재투자해야 한다. 그리고 그 첫 번째 대상은 바로 자기 자신이다. 더 나은 미래, 더 단단한 미래를 만들기 위해서는 자기 자신의 발전을 위한 재투자에 부지런해야 한다. 이 부분은 다음 장에서 더 자세하게 다루도록 하겠다. 그다음 대상은 '고용'이다. 마지막으로 미래 인재양성을 위해 재투자해야 한다. 미래 인재양성은 작게는 우리의 자녀, 크게는 우리 사회의 다음 세대를 양육하는 일이다.

둘째, '국가'에 재투자해야 한다. 국가에 재투자하는 이유는 무엇일까? 국가는 공의와 정의를 흐르게 하여 사회악을 제어하고 우리의 자녀를 다양한 위협에서 보호하기 위해 존재한다. 정치인과 공무원의 핵심 역할도 악이 사회 안에 가득해지는 것을 막고, 사회적 약자의 고통을 줄이는 것이다. 이를 위해 정치인과 공무원에게는 정의와 공의를 추구하고, 불의한 이익과 착취를 미워하고, 사회적 약자를 보호하고 그들을 억울함에서 구해야 하는 책임감과 사명감이 요구된다. 우리가 '잉여 재산(돈과 재물)'을 국가에 재투자해야 하는 이유는 국가가 '공의와 정의를 흐르게 하여 사회 안에 악이 퍼지는 것을 막고 우리 자녀를 다양한 위협에서 보호'하는 사명을 온전하게 감당하도록 도와야 하기 때문이다. 그렇다면 우리가 국가에 재투자하는 방법은 무엇일까? 바로 성실한 세금 납부다.

셋째, '기업'에 재투자해야 한다. 우리가 기업에 재투자해야 하는 이유는 다시 세 가지로 나뉜다. 첫째, 우리의 잉여 재산을 기업에 재투자하는 일은 기업의 성장을 도와 국가 경제 전체의 성장을 지원하는 선한 일과 연관된다. 기업이 성장하면, 고용이 증진된다. 국가가 성장하면 사회적 약자의 생활환경이 개선되고, 이는 곧 전체 국민의 평균적인 삶의 개선으로 이어진다. 둘째, 우리의 잉여 자산을 기업에 재투자하는 일은 적극적으로 부의 분배를 시행하는 선한 일과 연관된다. 특히, 오늘날과 같은 제4차 산업혁명기에는 글로벌 기업의 독점 문제가 심각하다. 자본주의 시대에 기업의 독점을 해결하는 방법은 국가가 기업에게 정당한 세금을 거두거나 국민이 기업에게 투자하여 기업의 이익을 재분배받는 것이다. 마지막 셋째, 우리의 잉여 재산을 기업에 재투자하는 일은 100~120세 시대를 살아가는 실천적 지혜와 연관된다. 풍년의 시기에 다가올 흉년의 시기를 준비하는 지혜로운 행동이다. 장수는 분명 축복이지만 그 축복을 온전히 누리려면, 장수 시대를 잘 준비하는 실천적 지혜가 필요하다.

미래학자로서 나는 사람들에게 120세 시대를 살아가기 위한 준비로 세 가지를 제시하곤 한다. 첫째, 100세 시대에는 90세까지 일할 준비를 해야 한다. 둘째, 65세 이후로 빠르게 늘어나는 의료

비용에 대비하기 위해 건강관리와 중증질병 보험을 들어야 한다. 셋째, 근검절약하여 만든 잉여 재산(돈과 재물)을 기업에 재투자하여 65세 이후 사용할 미래 소득의 일부를 준비해야 한다.

기업 재투자로 누리는
기하급수적 자산 증대 효과

일반인이 기업에 재투자하는 방법은 크게 두 가지로 나뉜다. 바로 주식투자와 채권투자다. 주식과 채권 발행은 기업 입장에서는 민간 자본시장에서 기업 운영비와 투자 자금을 조달하는 대표적 방식이고, 여기에 투자하는 개인 입장에서는 기업의 이익을 정당하게 재분배받는 방법이다. 기업은 주식과 채권시장에서 조달한 자금으로 투자를 늘려 '지금 당장' 일자리를 만들고 우리 삶을 편리하고 풍요롭게 만드는 제품 생산을 증대시킨다. 개인은 잉여 자금과 시간을 투자하여 기업의 성과를 '미래에' 공유한다. 내가 개인이 기업에 재투자하는 행위가 선한 일이며 소유를 단단하게 하는 일이라고 말하는 이유다.

기업에 재투자하는 행위를 다른 측면에서 더 설명해보자. 자본주의 시대, 개인의 부에 영향을 주는 경제학적 요인은 크게 두 가지로 나눌 수 있다. 하나는 소득 효과이고, 다른 하나는 자산 효과다. 열심히 일해서 돈을 버는 것은 '소득 효과'다. 근검절약으로 만든 잉여 재산을 잘 불려가는 것은 '자산 효과'다. 100~120세 시대를 지혜롭게 살아가려면 이 소득 효과와 자산 효과의 생애주기별 비율을 잘 맞춰야 한다.

예를 들어, 20대까지는 부모가 자식에게 자산을 마련해준다. 대부분 무형 고정자산이다. 무형 고정자산은 지적 재산(특허, 노하우, 지식 등), 영업권, 상표권 등을 뜻한다. 20대 전까지는 부모가 자신의 소득을 사용해 자식을 학교에 보내 공부를 시키는 것이니, 자식에게 지식이나 기술, 노하우 등 무형 고정자산을 형성시켜준다고 볼 수 있다. 자녀는 20대 이후부터 대략 50세까지 자기 스스로 무형 고정자산을 사용해서 매월 소득을 올린다. 소득 효과의 시작이다. 소득 효과는 30~40대 시기에 가장 절정에 오른다. 그다음으로는 매월 벌어들인 소득으로 추가 자산(잉여 자산)을 만들고 그 추가 자산을 다시 활용해서 소득 효과를 늘리는 선순환을 만들어야 한다. 잉여 자산을 활용해서 땅을 사거나 건물을 사는 것은 유형 고정자산을 만드는 행위다. 토지, 건물, 기계장치 등 유형 고정자산은 추가로 새로운 서비스나 제품을 만들어내서 소득 효과를 늘리는 데 필요하다. 반면 매월 번 돈의 일부를 사용해서 책을 사보고, 학원에 가서 공부를 하고 연구를 하는 것은 무형 고정자산을 만드는 행위

173

다. 이 모든 행위를 소득의 재투자라고 볼 수 있다.

개인이 만들 수 있는 자산은 한 가지가 더 있다. 바로 '유동자산'이다. 1년 이내에 현금화가 가능할 정도로 회전 속도가 빠른 자산을 뜻한다. 개인의 유동자산으로는 두 가지가 있다. 하나는 개인이 소유한 금반지, 컴퓨터나 유명 신발 등 팔아서 현금화가 가능한 제품이다. 이것을 재고자산在庫資産, inventories, stored assets이라 부른다. 다른 하나는 현금, 은행에 있는 예금, 친구에게 빌려준 돈, 단골 손님에게 달아둔 외상매출금, 주식이나 채권 등 유가증권有價證券, securities이다. 이를 당좌자산當座資産, quick assets이라 부른다. 대부분의 사람이 50세를 넘어가면 소득 효과가 빠르게 하락한다. 그런 상황에서 남은 50~70년을 단단하게 만들려면 '자산 효과'를 키우는 것 외에는 방법이 없다. 그리고 그러기 위해서는 유동자산 중에서도 당좌자산, 또 당좌자산 중에서도 시간의 힘을 이용하면 가치가 '기하급수적'으로 상승하는 당좌자산을 만들어야 한다. 바로, 주식이다. 이렇게 주식은 자본주의 시스템 안에서 개인에게도 중요한 경제활동이며 120세 시대를 단단하게 준비하게 해주는 가장 확실한 수단이다(참고로 당좌자산이라도 채권은 '선형적'으로 가치가 더해지는 자산이다).

미래를 준비하기 위해서는 '기하급수적 성장' 효과, 즉 시간과 복리 시스템이 작동하면서 만든 효과를 잘 이용할 수 있어야 한다. 오늘날 한국 경제는 저성장 시대에 진입했다. 앞에서도 설명했

듯이, 저성장기에 진입하면 개인이 만들 수 있는 거의 모든 자산들은 선형적 가치 상승을 한다. 선형적 가치 상승을 금융 용어로 바꾸면 '단리'가 된다. 단리는 이자에 이자가 발생하지 않아서 자산 증가 속도가 느리다. 앞으로는 부동산 가격도 과거처럼 큰 폭의 상승 추세를 지속하기가 어렵다. 물가상승률 수준의 상승이 현실적이다. 만약 제로성장기에 진입하면 이런 선형적 성장조차 멈춘다. 거의 모든 자산의 가치가 제자리에 머물게 되는 것이다. 재투자 대상 선정과 전략에 지혜와 신중함이 필요한 이유가 바로 여기에 있다.

내가 조언하는 대상은 당좌자산(주식과 채권)이고, 전략은 전 세계 경제의 호황과 불황의 패턴과 사이클을 활용하는 것이다. 그리고 이런 준비를 '최대한 일찍' 시작하는 것이다. 일찍 시작할수록 복리 효과에 힘이 붙으면서 미래 준비 효과도 기하급수적으로 커지고, 소유의 단단함도 기하급수적으로 커지기 때문이다.

'금융 투자'라는
이름의 노동

주식투자에 대해 오해와 편견을 가진 사람을 많이 본다. "주식투자는 도박 혹은 투기다"라는 말이 대표적이다. 그러나 내 생각은 완전히 다르다. 현재 자본주의 시스템에서 주식투자는 노동의 한 방식이다. 특히 '지적 노동'의 한 방식이다. '지적 노동으로서 건전한 주식투자'와 '도박적이고 투기적인 주식투자'를 구별하면 이런 오해와 편견은 사라진다.

　현대 자본주의 사회에서 일하는 방법(노동 행위)으로는 다섯 가지가 있다. 첫째, 직장 생활이다. 다른 사람이 소유한 회사에 취직하여 소유주에게 나의 유·무형의 능력을 제공하고 그 대가로 돈을 번다. 대부분 사람이 이 방법을 가장 먼저 선택할 정도로 대중적이고 대표적인 노동 방식이다. 이 방식의 장점으로는 여러 가지가 있

176

다. 일단 법정 근로시간만 출근해서 일하면 된다. 휴가를 가거나 아파서 잠시 병가를 내도 월급을 계속 받을 수 있다. 단점은 무엇일까? 내가 일해서 벌어들인 이익이 전부 내 것이 아니라는 점이다. 회사가 어려워지면 내 의사와 상관없이 퇴사를 당할 수 있다. 법적으로 정해진 나이가 되면 은퇴도 해야 한다. 종신고용이 보장되고, 평균 수명 60~70세 시대에는 이 방법만으로도 충분했다. 그러나 종신고용이 없어지고, 100~120세를 살아야 하는 지금은 상황이 다르다. 이 방식의 유효기간은 50세까지다. 나는 이 방식의 성공 확률(누군가 당신을 고용해줄 확률)이 "매 10년마다 절반씩 줄어든다"고 말하곤 한다. 20~30대를 100퍼센트로 잡으면 40대에는 50퍼센트로 줄고, 50대에는 다시 절반으로 줄어서 20~30대 때에 비해 25퍼센트가 된다. 60대에는 다시 절반이 줄어서 12.5퍼센트가 되고, 70대에는 다시 절반이 줄어서 6.25퍼센트가 되고, 80대에는 다시 절반이 줄어서 3.125퍼센트가 된다. 100세까지 돈을 버는 경제 행위를 하면서 살려면, 50대 이후부터는 지금부터 설명할 나머지 네 가지 형태의 노동 행위 중 하나를 시작할 수밖에 없다.

두 번째 노동은 프리랜서나 셀프 자영업자다. 이 방식은 스스로 '독립해서' 내 몸(육체 능력)과 정신(지적 능력), 인간관계 능력(네트워크 능력)을 사용해 혼자 일을 해서 돈을 번다. 장점은 무엇일까? 자기 스스로 고용주가 되고 자기 자신을 위한 일을 하기 때문에 쫓겨날 걱정이 없다는 것이다. 내가 일해서 번 돈이 전부 내 것이 된다는 장점도 있다. 하지만 내가 일하지 않으면 수입이 즉각 끊긴다는 것이 단점이다.

셋째는 고용인을 둔 사업이나 소규모 자영업이다. 이 방식은 나를 위해 '대신' 혹은 '함께' 일할 수 있는 사람을 '고용'해서 일하는 것이다. 이 방식에는 다양한 장점이 있다. 혼자 버는 것보다 더 많은 돈을 번다. 내가 일해서 벌어들인 수입이 전부 내 것이고, 내가 고용한 사람이 벌어들인 수익의 일부도 내 것이 된다. 고용주는 잠시 일을 쉬더라도, 수입이 즉각 끊기지 않는다. 하지만 단점도 있다. 초기 투자금이 크고, 사람 관리를 해야 한다. 세상에서 가장 어렵고 힘든 일이 바로 사람 관리다. 내 능력과 상관없이 고용인을 잘못 들여서 망할 수도 있다.

넷째는 나를 위해 일할 수 있는 '인공지능 로봇이나 기계를 고용'해서 일하는 방법이다. 이것은 미래에 새롭게 나타날 노동 형태로 인공지능 로봇, 3D 프린터, 가상 아바타 등을 사용한 자동화 사업이다. 장점은 사람 관리에 대한 부담에서 벗어날 수 있다.

다섯째는 금융 투자다. 나를 대신해서 '내 돈에게 일을 시키는 방법'이다. 이 방식의 최대 장점은 돈은 365일, 24시간 계속 일을 시킬 수 있다는 것이다. 내가 쉬어도, 아파도, 노동 행위를 하지 않아도, 돈은 나를 위해 계속 일하면서 자신을 늘려간다. 누구나 적은 자본으로도 얼마든지 시작할 수 있다. 면접을 볼 필요도 없고, 누구에게 잘 보일 필요도 없다. 물론 여기에도 단점은 존재한다. 이곳에는 사기꾼이 잘 출몰한다. 돈에게 똑똑하게 일을 시키지 않으면 투자금을 손해볼 가능성이 있다. 당신의 돈은 당신이 시키는 대로만 일한다. 다시 말해 일을 잘못시키면, 당신의 돈은 당신보다 빨리 죽는다. 그리고 돈을 빨리 죽게 만들면, 남은 인생도 힘들어진다.

내 돈에게 일을 시키는 방법에도 두 가지가 있다. 나보다 똑똑한 사람에게 나 대신 내 돈이 일하도록 맡기는 것이다. 바로 간접 투자로, 펀드가 대표적이다. 대신 맡기는 것인 만큼 내 돈이 일해서 얻은 수익의 일부를 그들에게 나눠줘야 한다. 다른 하나는 내가 직접 내 돈에게 일을 시키는 방식이다. 직접 투자로, 부동산 투자도 일종의 '내 돈에게 일 시키기'에 해당한다. 집값이 상승한다는 것은 집에 투자한 돈이 시간의 힘을 사용하여 스스로 일을 해 수익을 올리고 있다는 말과 같다. 예를 들어 고성장기, 중성장기에는 부동산 가격이 연복리 8퍼센트 이상으로 상승했다. 매년 복리 8퍼센트의 수익을 올리면서 일을 한다는 말이다. 이렇게 부동산이 일을 하면 20년 후에는 집값이 4.66배가 되고, 30년 후에는 10.06배가 된다. 이 시절에 부동산을 사지 못한 사람들이 땅을 치고 아까워하는 이유다. 이들은 '내 돈에게 일 시키기'를 하지 못했던 것이다. 하지만 앞으로 다가오는 한국의 저성장과 제로성장 시기에는 부동산이 연복리 8퍼센트 이상으로 상승하지 못한다. 그래서 '부동산을 통해 내 돈에게 일 시키기' 전략은 더 이상 지혜롭지도, 효과적이지도 못하다. 마치 '저축을 통해 내 돈에게 일 시키기'가 효과적이지 못한 것과 같다. 제로성장 시기에는 '금융 투자라는 새로운 대안을 사용해서 내 돈에게 일 시키기'를 하는 지혜가 필요하다. 만약 한국이 제로성장기에 들어가면, 화폐가치가 하락을 멈춘다. 그러면 해외에서 수익을 올려 한국으로 가져오는 금융연금 전략은 한국 물가에서는 그 위력이 배가 된다. 그래서 나는 금융연금 전략이 제로성장기를 대비하는 좋은 지혜가 된다고 조언하는 것이다.

돈에게 일을 시키지 못하면, 그만큼 내가 더 일해야 한다는 것은 기정 사실이다. 앞에서 은퇴 후 부부의 최소 생활비가 231만 원이라 말했던 것을 기억하는가? 노후를 즐기기에 적정한 생활비는 324만 원이었다. 자산이 유지되는 조건으로 월급과 같은 현금흐름 300만 원(연간 3,600만 원)이 매월 나오려면 9억 원 정도의 목돈을 은퇴 전에 모아두어야 한다는 계산도 해보았다. 120세를 사는 미래가 오면 이 금액은 대략 12억 원까지 늘어날 것이다. 돈에게 일을 시키지 못하면, 9~12억 원을 모을 만큼 내가 더 일을 해야만 한다. 혹은 그만큼 일을 더 할 수 없다면 은퇴 후 내가 쓸 수 있는 돈으로 한국보다 물가가 10분의 1 수준인 나라에 이민을 가서 살아야 한다.

첫 번째 노동 방식(직장 생활)은 내가 주인이 되어 일하는 방식이 아니다. 고용주가 '주인의식을 가져 달라'고 부탁하지만 내가 주인이 아니라는 사실에는 변함이 없다. 2~4번째 노동 방식은 내 몸과 정신을 사용해서 내가 주인이 되어서 일하는 방식이다. 주인의

식을 가져야 한다고 말을 할 필요가 없다. 내가 주인이니 절박하고 총력을 다한다. 우리 앞에는 이제 90~100세까지 일해야 하는 시대가 시작되고 있다. 다시 말해 2~4번째 노동 방식은 이제 선택이 아니라 필수가 되었다는 얘기다. 늦어도 50대 이후부터는 나를 고용해주는 곳이 사라진다. 그러니 50세 이후부터는 최소 30년, 최대 50년을 내가 주인이 되어 일해야 한다. 하지만 나이가 들면 이런 일들도 젊은 경쟁자들을 이길 수 없어서 시장에서 밀려난다. 그런 까닭에 누구나 다섯 번째 노동 방식을 필수로 장착해야 하는 것이다. 다섯 번째 노동 방식은 죽을 때까지 남의 눈치 보지 않고, 젊은 경쟁자들을 이겨내면서 돈을 벌 수 있는 유일한 노동 행위다. 이 노동 행위를 하지 않는 것은 '금융 실직'과 다름없다. 실직을 하면 무슨 일이 벌어지는지 잘 알 것이다.

돈의 가격을 정하는
시간의 가치과 위험의 정도

여기서 잠깐, 돈은 대체 어떻게 일을 하는 걸까? 돈은 자신의 '가치'를 잘 활용하는 방법으로 일을 한다. 자기를 빌려 쓰게 하고 그 값어치를 받는 것이다. 돈의 값어치. 그것이 바로 '금리'다.

금리의 사전적 의미는 "원금에 지급되는 기간당 이자를 비율로 표시한 것"이다. '이자율'도 같은 표현이다. 금리 즉, 이자는 돈의 값이다. 그리고 돈의 값은 정확하게 '시간의 가치'와 '위험의 정도'를 환산하여 정해진다. 돌려받지 못할 위험이 크면 돈의 값은 그만큼 추가로 더 커지게 된다.

이자 제도는 고대부터 존재했다. 돈이 없던 시절에는 씨앗이나 가축을 빌려주고 이자를 받았다. 그때의 이자는 수확물의 일부나 동물의 새끼 등이었다. 화폐가 생겨나자 고대인들은 가축이 새끼를

치듯, 돈도 그리해야 한다고 생각했다. 60진법을 사용한 바빌로니아인들은 원금의 60분의 1을 이자로 책정했다. 지금으로 환산하면 약 연 2퍼센트다. 10진법을 사용한 그리스인들은 10분의 1을 이자로 책정했다. 지금으로 환산하면 연 10퍼센트다. 12진법을 사용한 로마인들은 12분의 1을 이자로 책정했다. 지금으로 환산하면 연 8.33퍼센트다.

이자에 대한 반감의 역사도 아주 오래되었다. 고대 그리스 시대부터 이자 수익은 곱지 않은 시선을 받았다. 아리스토텔레스도 "말은 새끼를 낳지만 돈은 새끼를 낳지 못한다"라고 하면서 이자 수익을 올리는 사람들을 맹비난했다. 그는 돈은 교환 용도에 불과하다는 확고한 철학을 가지고 있었다. 그리고 이는 '시간의 가치'를 인정하지 않는 관점에서 비롯된 반감이었다. 이러한 아리스토텔레스의 교리는 중세 교회와 이슬람 문화에 큰 영향을 미쳤고, 성경과 코란의 윤리와 결합돼 기독교와 이슬람 모두에서 이자를 죄악시하는 교리로 발전했다. 기독교와 이슬람 사상에서는 땀 흘려 노동을 하여 얻은 산물에 큰 가치를 부여한다. 하지만 돈은 땀 흘려 노동을 하지 않고 단지 '시간'이 흘러갔다는 이유로 돈을 낳는다. 신성한 노동이 없는 산물인 것이다. 그래서 기독교와 이슬람은 이자 받는 것을 악으로 간주했다.

A.D. 775년, 로마 가톨릭은 니케아 종교회의Councils of Nicaea를 열고 '이자 놀이 금지' 지침을 교회법으로 공식 채택했다. 그렇게 해

서 이자를 주고받는 행위는 회개해야 할 '죄악'이 되었다. 1179년, 제3차 라테라노 공의회^{Lateran council}는 이자를 받는 자는 파문한다고 선언했다(캐논 25조). 이제 이자를 주고받는 행위는 파문 대상으로 커졌다.

사실 A.D. 380년에 기독교가 로마제국의 국교가 되었을 때, 예수를 십자가에 못 박아 죽인 유대인들은 증오와 멸시의 대상으로 전락했다. 유대인들은 공직 진출부터 상거래에 이르기까지 거의 모든 사회생활에서 배제되고 추방됐다. 그들이 할 수 있는 일은 허드렛일이나 몰래 돈을 빌려주고 이자를 받는 '고리대금업'뿐이었다. 하지만 그들도 구약성경의 가르침은 철저히 지켜야 했다. 그래서 중세 유대인들은 〈신명기〉 23장의 구절 "형제에게 돈을 꾸어주고 이자를 받지 말라"는 말씀을 유대인끼리는 이자를 받으면 안 되지만, 기독교인에게는 받아도 문제될 것이 없다고 해석하여 고리대금업을 하는 명분으로 삼았다. 우리가 잘 아는 메디치 가문의 재산 중 상당 부분은 이렇게 이탈리아, 런던, 제네바를 비롯한 유럽 여러 지역에 지점을 둔 고리대금업을 기반으로 형성되었다.

그러나 상업과 국제 무역이 발달하면서, 중세 교회도 암암리에 거래되는 고리대금업을 인정할 수밖에 없었다. 결국 1215년, 제4차 라테라노 공의회를 열고 조건부로 이자를 공인했다. "이자가 지불 지연에 대한 보상 혹은 환전상이나 회계사의 노동에 대한 임금, 나아가 대부자본의 손실 위험에 대한 대가로 간주될 때는 화폐 대부에 보수를 지급하는 것을 제한적으로 용인한다. 다만 지나치게 높은 이자는 인정할 수 없다"는 조건이었다. 이자 상한선도 33퍼센트로 규정했다.

15~16세기, 대항해시대가 시작되면서 포르투갈, 스페인, 네덜란드, 영국 등에서 해상무역을 동반한 상업과 제조업이 활기를 띠었다. 그러면서 '투자 위험과 생산성'에 대한 중요성이 부각되었고, 기회비용의 관점에서 이자 수익에 대한 합리적 동의가 대중화되기 시작했다. 1545년, 영국은 반反 악덕대출법을 통해 최초로 이자에 대한 국가적 규제안을 마련했다. 이 법은 최고 10퍼센트까지의 이자를 허용하되, 그 이상의 대출이자를 부과한 경우에는 원금의 세 배를 몰수했다.

1517년, 마르틴 루터가 로마 가톨릭의 부패를 지적하면서 종교개혁을 일으키자 종교개혁자들은 중세 교회의 모든 관습을 재점검하고 개혁을 시도했다. 경제사상도 재검토 대상 중 하나였다. 프랑스 종교개혁자 장 칼뱅은 경제사상에 대해 개혁주의에 맞는 새로운 해석을 내놓았다. 예를 들어 '노동은 성스럽게 되는 과정이다', '다른 사람에게 유익을 주는 직업이 좋다', '공정한 임금을 주어라. 임금도 하나님의 간접 보상이며 은혜다' 등이다. 그리고 그는 이자에 대한 새로운 해석도 내놓았다. 바로 "공정한 이자 수익은 가능하다"고 선언한 것이다. 가난한 자의 필요를 바탕으로 한 이자는 금하지만(사업 실패 시, 이자를 탕감해준다), 생산적 활동에 대한 이자는 성경이 금하지 않는다고 새로운 성경 해석을 내려주었다. 합리적 수준의 이자를 연 5퍼센트로 규정하고, 이것을 기회비용으로 인정해주었다. 이 같은 칼뱅의 선언으로, 서구 기독교 국가를 통해 현대사회의 거의 모든 나라에서 합법적인 이자 수익 사업을 할 수 있는 길이 열렸고, '이자'의 개념을 바탕으로 한 다양한 투자 수익 상품들이 탄생하는 발판이 마련되었다.

내 돈에게
똑똑하게 일을 시키려면

지금부터는 내가 여러 시행착오를 통해 얻은 몇 가지 재투자의 지혜와 원칙들을 소개하려 한다. 바로 돈에게 똑똑하게 일을 시키는 지혜다.

첫째, 재투자는 반드시 '잉여 자산'을 가지고 실행해야 한다. 나는 최소한 3년 동안 잊어버려도 상관없는 잉여 자산만을 가지고 재투자를 시작하라고 조언한다. 주식시장은 복리수익을 내는 곳이라서 공격적으로 재투자를 하는 사람들이 많다. 이런 영역에서 과도한 빚을 내서 투자하는 행위는 지혜롭지도 않을 뿐더러 전문가들도 경고하는 매우 위험한 행위다. 특히나 '영끌' 투자는 절대 금물이다. 국가가 과도한 신용창조를 하는 것이 위험하고 비윤리적이듯, 개인도 과도한 신용을 창조하여(즉, 빚을 내서) 재화를 구매하거나 재투자하는 행위는 위험하고 비윤리적이다(비윤리적이라고 말하는 이유는 갚지 못할 수준의 소비와 빚은 도덕적 해이와 연결되기 때문이다). 다시 한번 강조한다. 선한 재투자의 첫 번째 원칙은 빚낸 돈도 아니고, 생활비로 사용될 돈도 아니고, 최소한 3년 이상 손대지 않아도 되는 '잉여 자산'을 투자금으로 사용하는 것이다.

투자시장에서 성공한 전문가들도 이구동성으로 말하는 첫 번째 원칙이 "빚을 내지 말라"인 것은 결코 우연이 아니다. 빚을 내면 투자가 아니라 투기의 유혹에 빠지기 쉽고, 시간의 힘을 사용하기 힘들어진다. 주식투자라도 시간의 힘을 사용하지 못하면 기하급수적 성장의 혜택을 받기 힘들다. 잉여 자산이 아닌 돈을 가지고 재투자를 하게 되면, 마음이 급해지고 다양한 금융 위험에 빠지게 되며 그결과 자신도 모르는 사이에 비이성적인 재투자의 유혹에 빠질 가능성이 매우 높아진다.

둘째, 계속 공부하여 자신만의 선한 재투자의 기준을 만들고 이를 계속 기억해야 한다. 투자시장은 매우 다양하고 복잡하다. 끊임없이 새로운 투자 상품들이 출시된다. 보수적인 투자시장도 있고, 매우 공격적인 투자시장도 있다. 투자 상품과 투기 상품도 마구 섞여 있다. 사악하고 사기적인 상품도 거래된다. 꾸준한 공부를 통해 자신만의 선한 재투자의 기준을 명확히 하지 않으면 자신도 모르게 비이성적인 재투자의 유혹에 빠질 가능성이 매우 높다.

그렇다면 무엇이 투기이고 무엇이 투자일까? 공격적인 투자와 투기는 무엇이 다른가? 나는 다섯 가지 투자 대원칙과 투자와 투기에 대한 몇 가지 판단 기준을 가지고 있다. 아래는 나의 5대 투자 대원칙이다.

첫째, 가난한 자의 것은 정당한 방식이라도 투자의 대상으로 삼지 않는다.

둘째, 부정한 곳(부정한 기업이나 상품)에 투자하지 않는다.

셋째, 다른 투자자를 속이거나 착취하지 않고, 건전하고 공정한 투자 전략을 사용한다.

넷째, 도박이나 투기처럼 부정한 욕심이나 요행 심리로 투자하지 않는다. 이를 위해서는 지적인 노동 과정을 수반한 투자를 해야 한다.

다섯째, 투자 수익을 내더라도 '(자본을) 독점하지 말라'는 명령을 지켜야 한다.

다음은 내가 나름대로 설정한 투자와 투기에 대한 몇 가지 판단 기준이다. 예를 들어, 나는 주식시장에서 건전한 투자를 보수적 투자와 공격적 투자로 나눈다. 상대적으로 낮은 변동성을 보이는 투자 상품(전통주, 종합주가지수 등)은 보수적 재투자에 해당한다. 상대적으로 높은 변동성을 보이는 투자 상품(기술주, 2~3배수 ETF 등)은 공격적 재투자에 해당한다. 나는 비트코인 같은 암호화폐는 인류 역사상 가장 공격적인 투자 상품, 고위험 투자 상품으로 분류한다. 고위험이라는 것은 나쁘다거나 사기라는 의미가 아니다. 매우 공격적이며, 변동성이 큰 상품이라는 의미다. 예를 들면 ETF 중에서도 3배수 상품은 1배수보다 고위험 상품이다. 변동성이 3배로 확대되어 움직인다. 그렇지만 3배수 ETF가 사기 상품은 아니다. 투자해선 안 되는 종목도 아니다. 그런 의미에서 비트코인이나 이더리움 등 1세대 암호화폐를 '사기'라고 낙인찍어서 무시할 시점은 지났다. 지금부터는 '초고위험 투자 상품'에 가깝다고 평가해야 할 것이다(물론 소위 '잡코인'들 중 상당수는 아직도 사기 수준에 머물러 있다).

일부에서는 비트코인이나 이더리움 등이 달러를 대체할 '진짜 화폐'라고 주장한다. 비트코인으로 실제 물건을 살 수도 있고, 엘살바도르 같은 국가에서는 법정화폐로 도입한 사례도 있기 때문이다. 이런 사례에도 불구하고, 나는 비트코인 등이 달러를 대체할 화폐라는 주장에는 동의하지 않는다. 비트코인 등 1세대 암호화폐로 물건을 사고파는 행위가 가능하긴 해도, 화폐보다는 '대체 지급 수단 기능'에 가깝다고 평가한다.

현대 화폐 시스템에는 다양한 지급 수단이 있다. 현찰(법정화폐)은 '최종 지급 수단'이다. 물건을 팔아 현찰을 지급받으면, 그것이 곧 최종 지급 수단으로서 종결 상태가 된다. 최종 지급 수단이라는 말은 현찰을 더 이상 다른 지급 수단으로 바꿀 필요가 없다는 뜻이다. 현찰로 세금도 내고 모든 경제활동을 할 수 있다. 현재 비트코인은 최종 지급 수단인 현찰을 대체하는 지위를 얻지 못했다. 최종 지급 수단인 현찰을 제외한 모든 지급 수단, 즉 현찰 전환을 법적으로 보장받는 물리적 형태를 띤 지급 수단들을 '대체 지급 수단'이라 부른다. 수표, 신용카드, 상품권, 기업 어음 등이다. 대체 지급 수단도 물건을 거래하는 데 사용할 수 있다. 실물시장에서 수표로 상업 거래가 성사되는 이유는 수표를 받은 사람이 훗날에 이를 최종 지급 수단인 현찰로 교환받을 수 있도록 법적으로 보장하고 있기 때문이다. 비트코인은 대체 지급 수단 중에서도 현찰 보장성이 매우 불안정한 수단이다. 불안정하다는 말은 시간에 따라서 가치 변동이 너무 크다는 의미다. 예를 들어, 10만 원짜리 은행권 수표를 최종 지급 수단인 현찰로 전환할 때, 오늘이든 내일이든 1년 후든 우리는 수표에 찍힌 액면가를 보장받을 수 있다. 이를 '현찰교환 비율의 변동성이 매우 안정적이다'라고 표현한다. 그러나 암호화폐는 다르다. 시간에 따라서 현찰교환 비율이 상상을 초월할 정도로 불안정하다.

2010년 5월 22일, 플로리다에 거주 중이었던 라스즐로 핸예츠 **Laszlo Hanyecz**는 파파존스 피자 2판(당시 가격 약 41달러)을 1만 비트코인과 맞바꿔서 구매했다. 비트코인의 역사에서 이 날은 '비트코인으로 물건을 구매한' 최초의 날로 기록된다. 대체 지급 수단으로서 최초로 사용된 날이다. 2021년, 1비트코인은 6만 달러를 넘었다. 하지만 1년 뒤인 2022년 10월에는 2만 달러 선이 무너지면서

70퍼센트 이상 폭락했다. 2024년 4월에는 다시 7만 달러를 넘었다. 2015년 7월~2021년 6월까지 5년 동안 비트코인의 가격 변동 추세를 보면 더욱 아찔하다. 2015년 7월 31일, 281달러였던 1비트코인 가격은 2017년 12월 15일까지 2년 반 만에 68배 상승했다. 제4차 산업혁명 최고 황제주인 테슬라 주식도 가격이 100배 상승하는 데 7~8년이 걸렸는데 말이다. 비트코인은 변동폭도 테슬라를 능가한다. 비트코인 가격은 68배가 상승한 후, 1년 뒤(2018년 12월 14일)에 83퍼센트 대폭락한다. 그리고 다시 무섭게 반등을 했다. 그 이후에도 상승과 폭락을 반복하면서 2021년 4월 13일 6만 3,674달러까지 상승했다. 2015년 기준으로 227배 상승이다. 이 모든 일이 불과 5~6년 만에 일어났다.

비트코인의 역사를 보면, 2012년부터 2021년까지 10년 동안 9~10번이나 40퍼센트 이상 폭락했다. 그중 80퍼센트 이상 대폭락했던 경우도 세 번이다. 다우 지수나 나스닥 종합주가지수에서 80퍼센트 이상 대폭락은 50~100년에 한 번 일어난 데 반해 비트코인은 10년 동안 세 번이나 일어났던 것이다. 비트코인 가격 변동에서 30퍼센트 정도의 하락은 매우 흔하고 빈번하다. 앞으로도 이정도 변동성은 반복해서 나타날 수 있다. 그마저도 비트코인은 암호화폐 시장에서 가장 안정적인 변동율을 보인다고 평가받는다. 다른 암호화폐는 튤립버블 수준의 변동성을 연상시킨다. 이렇게 역사상 가장 불안정한 '현찰교환 비율 변동성'을 보이는 지급 수단이 바로 암호화폐다. 사용자가 충분히 많아져서 대체 지급 수단의 범주에는 들었지만, 달러나 원화 등 법정화폐를 대체할 최종 지급 수단으로 삼기에는 아직 너무 위험하다. 대체 지급 수단 중에서도 '디지털 대체 지급 수단' 중 하나에 불과할 뿐이다. 이런 까닭에 비트코인에 투자하는 것은 '매우매우 공격적인 투자 행위'로 분류된다. 당연히 변동성도 역사상 가장 크다(암호화폐에 대한 미래 시나리오는 필자의 다른 저서를 참고하라).

나는 주식시장에서 펀더멘털이 거의 제로에 가까운 주식을 작전으로 속여서 거래하는 행위는 사기이며, 이런 거래에 동참하는 행위를 의도적이며 약탈적인 투기로 분류한다. 주식시장에서는 작전주가 여기에 속하고, 암호화폐 시장에서도 상당수의 알트코인들이 여기에 속한다. 더 나아가 내부자 정보 활용, 주가 조작 등 불공정 투자 행위는 심각한 범죄다. 투자시장에서 남의 재물을 잘못된 방식으로 편취, 착취하는 행위이기 때문이다. 나는 부동산시장에서도 오직 높은 수익성만을 목적으로 복수의 주택을 단기간에 매매하는 행위 또한 의도적이며 약탈적인 재투자로 분류한다. 전세 사기와 같은 참사를 낳기 때문이다.

나는 투자와 투기를 구별하는 기준을 투자 심리에도 적용한다. 예를 들어, 선한 재투자는 투자수익률에 과도하게 욕심을 부리지 말아야 한다. 선한 재투자의 목적은 '부자가 되는 것'이 아니다. 즉 높은 수익률 그 자체가 재투자의 목적이 아니다. 선한 재투자에는 재투자의 방법과 과정, 태도, 목적이 중요하다. 그 자체가 '소유에도 사명이 있다'는 철학을 나타내주기 때문이다. 과도한 투자수익률을 목표로 하지 말아야 할 실제적인 이유도 있다. 내 경험상, 투자수익률에 과도한 욕심을 부리면 모든 자본을 잃는 악몽이 시작된다. 과도한 욕심을 가지면 사람은 무리수를 두게 된다. 무리수를 두면 빚을 내거나 현금을 보유하지 못하거나 전략 유연성이 떨어지면서 시장과 경제 상황 변화에 대처하기가 힘들어진다. 그렇게 되면 어디에선가 금전적이고 정신적인 손해를 보게 된다. 투자가 아니라 비의도적 투기로 변질되기 쉬운 것이다. 비의도적 투기에서 의도적이며 약탈적인 투기로 전락할 위험도 커진다. 건전한 투자 상품에 재투자를 하는 상황이라도, 투자자의 심리가 투기적이거나 투자 전략 자체가 투기적으로 변할 수 있다.

이러한 투기적 심리를 예방하는 작은 전략들이 있다. 가장 대표적인 것이 현금 유동성을 무조건 30~50퍼센트는 가져가는 전략이다. 투자시장에서 아무리 확실한 기회라는 생각이 들어도 자기가 가진 현금 전부를 투자하는 것은 현명한 태도가 아니다. 투자시장은 언제나 이치와 패턴대로 돌아가지 않기 때문이다. 공부한 대로 움직이지 않는다. 일시적으로든 아니든 이치와 패턴을 벗어나는 경우가 많다. 공부한 대로 움직이지 않는 경우가 허다하다.

경제 위기가 발생해야만 투자시장에 위기가 생기는 것이 아니다. 이치와 패턴에서 벗어나는 것, 내가 공부한 것과 다르게 움직이는 것도 일종의 위기다. 세상 돌아가는 일을 100퍼센트 완벽하게 알 수 없다. 당연히 투자시장에서도 100퍼센트 확실한 일은 절대 없다. 투자시장에는 매일 위기가 발생할 수 있으며 모든 건전한 투자 상품에도 위험요소는 늘 존재한다. 그러므로 현금 유동성을 확보해야 이런 위기와 뜻밖의 사태에 적절히 대응할 수 있다. 내 생각과 다르게 투자 상품의 가격이 하락할 때, 현금을 보유한 투자자는 심리적으로 흔들리지 않고 차분하게 저점에서 추가 매수 기회를 잡을 수 있다. 이렇게 투자시장에서 발생하는 다양한 위기에 대응할 준비가 철저할수록 투기적 심리와 투기적 투자의 유혹을 이길 수 있는 힘이 생긴다.

'공짜는 없다'는 진리를
항상 기억하라

맹수를 오랫동안 연구한 학자들의 말을 투자에도 적용할 수 있을 것 같다. 뱀, 여우, 늑대, 호랑이, 사자 등 우리 생태계 속 무서운 '사냥꾼들'에게는 다음과 같은 한 가지 원칙이 있다.

"내가 직접 사냥하지 않은 죽은 고기는 함부로 먹지 않는다."

'오마하의 현인' 워런 버핏 역시 자기가 모르는 주식에는 투자하지 않는 것으로 유명하다. 그는 시장의 미래, 주식 가격의 미래는 예측할 수 없다면서 동시에 "예측 가능성을 찾는다"는 말도 했다. 아리송한 말이다. 대체 무슨 뜻일까? 아리송한 이 말의 의미는 "이해할 수 있는 기업에만 투자한다"는 말이다. 버핏은 자기가 투자하는 주식에 대해서 철저하게 공부한다. 철저하게 공부를 했기 때문에 그 회사의 현재와 미래를 이해할 수 있다. 이해할 수 있으면, 예측 가능성이 높아지고, 예측 가능성이 높아지면 다양한 대응법을 마련할 수 있다. 어떤 상황 속에서도 대응할 방법을 알고 있는 주식에만 투자한다는 말이다. 버핏은 시간의 힘을 가장 완벽하게 이해하고 있고, 동시에 그 시간의 힘을 가장 오랫동안 발휘할 수 있는 주식을 철저한 공부를 통해 찾아낸다.

'공짜는 없다'는 진리는 짐승도 안다. 그래서 생태계 속 사냥꾼들은 오랫동안 주변을 살피고 신중하게 먹이에 접근한다. 행운을 가장한 불행이 아닌지 지나치다 싶을 정도로 확인한다. 꺼림칙하다고 느끼면 아무리 배가 고파도 죽은 고기를 버리고 자리를 뜬다. 스스로 사냥을 하든 빼앗든 자기 힘으로 얻은 먹이만 먹는다. 재투자도 이와 마찬가지다. 자기가 공부한 것에만 재투자해야 위험을 줄일 수 있다. 자기가 공부한 만큼만 수익을 내려고 해야 '투기'가 아닌 '투자'가 될 수 있다. 잘 알지 못하는 주식을 거래하고, 이유를 알 수 없는 상승이나 하락장에서 직감만 가지고 투자 행위를 해선 안 된다. 이런 행위는 한두 번은 요행으로 큰 수익을 낼 수 있다. 하지만 습관적으로 반복하면 결국에는 모든 것을 잃고 만다.

투자시장에서 통용되는 진리가 하나 있다. 바로 "최종 투자수익률은 자기가 공부한 수준으로 수렴한다. 연평균 투자수익률은 공부한 수준을 넘어갈 수 없다"는 말이다. 그래서 주식시장에서 재투자로 꾸준하게 수익을 내는 사람은 존경받아 마땅하다. 이런 사람들은 불로소득不勞所得, unearned income을 얻는 사람들이 아니다. 이들은

197

철저히 공부하고 요행을 바라지 않으며 도박처럼 행하는 주식투자 방법에 절대로 눈을 돌리지 않는다. 미래를 단단히 만들고 잉여 자산을 계속 늘릴 수 있는 선한 재투자는 땀 흘리고 수고하는 지적 노동(공부)을 반드시 수반한다. 이러한 지적 노동으로 얻은 수익이기 때문에 절대 불로소득이 아니다. 정당한 노동의 대가다.

열심히 공부한다는 것은 '생각의 힘'을 기르는 것이다. 투자시장에서는 특히 생각의 힘이 중요하다. 나의 경험으로 이야기하자면, 투자시장에서 좋은 수익률을 유지하는 길은 생각의 힘을 사용해 좀 더 많은 다양한 가능성을 생각해보는 데서 출발한다. 시나리오를 기반으로 투자 전략을 도출하는 것도 미리 생각하는 습관, 즉 생각의 힘을 사용하는 것이다. 투자는 불확실한 미래를 두고 내리는 합리적 의사결정 행위다. 합리적 의사결정은 합리적인 생각에서 나온다. 합리적인 생각을 극대화하려면 시시각각 움직이는 가격만 봐서는 안 된다. 투자시장이 시작되기 전에 미리 생각해야 한다. 차분히 생각할 수 있는 시간에 시장의 각종 흐름과 정보, 적정한 가격, 위험이나 기회에 대한 다양한 가능성 등을 미리 점검해야 한다. 또한 뜻밖의 사태를 대비할 안전 장치도 미리 준비해두어야 한다. 이처럼 미리 생각하면 '감정에 휘둘리지 않고' 합리적인 의사결정을 할 수 있다. 이런 모든 것이 지적 노동의 일부다. 그래서 선한 재투자는 불로소득이 아니라 정당한 노동인 것이다.

투자시장에서는 마음 다스림이 가장 중요하다는 말을 종종 들어보았을 테다. 그러나 내 경험에 따르면 마음 다스림은 결코 의지로 되지 않는다. 감정 조절의 핵심 기술은 '자족하는 마음'과 '공부한 대로' 기계적으로 투자하는 것뿐이다. 자족하는 마음과 노력한 만큼의 대가를 기대하는 자세가 투자시장에서 감정을 조절할 수 있는 힘이다. 투자 실패나 감정이 흔들리는 상황은 학습 부족이나 학습을 통해 만들어진 자기 원칙을 지키지 않고, 바람직하지 못한 욕심에 휘둘리는 데서 온다.

나는 자신의 상황(직업, 지식, 시간, 신념 등)을 고려한 투자 상품과 투자 전략을 선택하는 것도 중요하다고 생각한다. 투자 그 자체가 직업인 사람들을 제외하고, 대부분의 사람은 생계를 위한 직업이 따로 있다. 직장인이든, 자영업자든, 사업가든, 가정 주부든, 학생이든 나름의 주 직업과 일자리가 있다. 이들에게 재투자는 부수적인 일이다. 부수적인 일이라는 말은 그 일이 주 직업과 일에 부정적인 영향을 끼쳐서는 안 된다는 의미다. 예를 들어보자. 암호화폐는 24시간, 365일 거래된다. 이런 시장 특성을 가진 암호화폐를 매일 매매하는 초단기투자 전략을 사용하면 잠자는 시간도 큰 방해를 받는다. 결국 이런 투자자는 일터에서도, 가족과 함께 있을 때에도 거래창을 보고 싶다는 유혹에 빠진다. 일상생활에 심각한 위협이 가해지는 것이다. 자신의 직업 윤리상 환경보호가 중요한 이들도 있다. 이들이 환경 파괴에 대한 도덕적 책임을 지지 않는 기업의 주식에 투자하기는 힘들다. 이처럼 재투자의 대상과 전략을 선택할 때에도 (그 투자 상품이 건전한 상품이라 할지라도) 자기 직업과 업무 특성에 따른 알맞은 선택을 해야 한다.

이런 의미에서 투자 상품과 전략을 선택하는 데 있어서 자신의 성격을 고려하는 것도 중요하다. 매우 예민한 성격을 가진 사람이 변동성이 큰 투자 상품에 재투자하면 심리적 두려움, 고통, 걱정 등에 시달려서 주 직업과 일이 부정적인 영향을 받을 가능성이 크다. 이런 성격의 투자자는 변동성이 적은 투자 상품을 장기간 보유하는 전략을 구사하는 것이 좋다. 단기투자도 기업의 이익을 정당하게 재분배받는 방법이기는 하지만, 짧은 시간에 매매를 반복하면 기업이 내는 성과를 온전히 공유한다는 목적은 사라지고, 시세차익을 목적으로 하는 거래 행위만 남게 된다. 선한 재투자의 원칙과 멀어지는 행위라 하겠다.

진정한 미래 준비는
부의 방향성으로 완성된다

내가 지금까지 기업에 어떻게 재투자(주식투자)해야 하는가를 자세하게 설명한 이유는 여러분에게 전문 투자자가 되라고 권유하기 위해서가 아니다. 주식투자로 빨리 부자가 되라고 부추기기 위해서도 아니다. 자신의 일(직업, 노동)에 성실하게 임하고, '여유 자금(잉여 자금)'을 기업과 산업에 재투자하여 미래 위기를 준비하고(간접적으로는 기업 경제 활성화를 돕고), 더 나아가 소유의 사명, 즉 사회적 약자를 돕는 행위를 통해 이것이 '더 큰 행복과 사회 전체의 더 나은 미래를 만드는 도구'로 사용되어야 하기 때문이다.

나는 미래를 단단하게 만드는 준비는 근검절약과 재투자로 얻은 부가 어디로 향하는가에서 완성된다고 믿는다. 지혜롭고 선한 재투자자는 근검절약하고 재투자로 얻은 '잉여 자산'을 '때에 따라'

나누어야 한다. 그 과정에서 더 나은 미래가 만들어지고, 자신의 행복도 극대화된다. 나눔에는 제한과 차별이 없다. 잉여 자산(부)이 적은 사람은 적게, 많은 사람은 많이 나누면 된다. 늘어난 부와 풍족한 돈이 칼로 변하여 자신과 사랑하는 가족을 찌르지 않게 하는 가장 좋은 방법은 '부의 나눔'이다. 이런 가치와 철학을 자녀에게 가르치면, 자식 대에서도 우리가 만든 소유가 단단하게 유지될 수 있다. 내가 2장에서 조언한 방법대로 재투자를 성실하게 하면 종잣돈이나 적립금의 규모에 따라서는 엄청난 재산을 자녀에게 물려주는 일도 일어날 수 있다.

다음 [표 30]의 첫 번째 계산표를 보자. 41세에 종잣돈 1억 원을 가지고 20년간 연복리 12퍼센트의 수익률을 유지하면 61세 1월부터 계좌잔고(1,080,384,826원)에서 매달 700만 원씩 금융연금을 꺼내 쓸 수 있다(1년 8,400만 원). 그리고 100세가 되면 250억 원을 자녀에게 유산으로 상속할 수 있다. 그다음 두 번째 계산표를 보자. 41세에 종잣돈 1억 원을 가지고 20년간 연복리 14퍼센트의 수익률을 유지하면 61세 1월부터 계좌잔고(1,566,757,845원)에서 매달 1,500만 원씩 금융연금을 꺼내 쓸 수 있다(1년 1억 8,000만 원). 그리고 100세가 되면 180억 원을 자녀에게 유산으로 상속할 수 있다. 만약 매달 찾아 쓰는 돈을 줄이면 유산으로 상속할 수 있는 금액은 더욱 커진다.

이렇게 놀라운 자산 증식 효과가 발휘되는 이유는 시간과 복리

[표 30] 시간과 복리의 차이에 따른 돈의 차이

61세 1월부터 매월 700만 원씩 생활비 인출

나이	복리수익률	투자 계좌 잔고 ①	생활비 출금 ②	최종 투자 잔고 (①-②)
41세 시작	12%	100,000,000		100,000,000
50	12%	310,584,821		310,584,821
60	12%	964,629,309		**964,629,309**
61	12%	1,080,384,826	**84,000,000**	996,384,826
70	12%	1,605,898,466	84,000,000	1,521,898,466
80	12%	3,336,691,879	84,000,000	3,252,691,879
90	12%	8,712,273,498	84,000,000	8,628,273,498
100	12%	25,408,014,040	84,000,000	**25,324,014,040**

250억 원가량 유산 상속

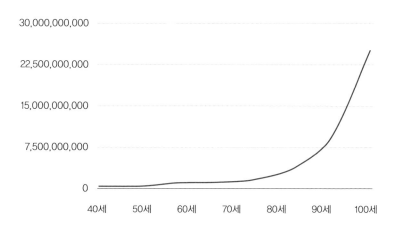

나이	복리수익률	투자 계좌 잔고 ①	생활비 출금 ②	최종 투자 잔고 (①-②)
41세 시작	14%	100,000,000		100,000,000
50	14%	370,722,131		370,722,131
60	14%	1,374,348,987		1,374,348,987
61	14%	1,566,757,845	180,000,000	1,386,757,845
70	14%	1,794,302,740	180,000,000	1,614,302,740
80	14%	2,683,864,408	180,000,000	2,503,864,408
90	14%	5,981,666,382	180,000,000	5,801,666,382
100	14%	18,207,348,149	180,000,000	18,027,348,149

180억 원가량 유산 상속

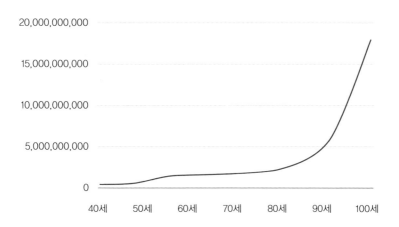

[표 31] 시간에 따른 수익률의 변화(원금의 배수)

복리수익률 ⟶

연수	4%	6%	8%	10%	12%	14%	16%	18%	20%
1	1.04	1.06	1.08	1.10	1.12	1.14	1.16	1.18	1.20
2	1.08	1.12	1.17	1.21	1.25	1.30	1.35	1.39	1.44
3	1.12	1.19	1.26	1.33	1.40	1.48	1.56	1.64	1.73
4	1.17	1.26	1.36	1.46	1.57	1.69	1.81	1.94	2.07
5	1.22	1.34	1.47	1.61	1.76	1.93	2.10	2.29	2.49
6	1.27	1.42	1.59	1.77	1.97	2.19	2.44	2.70	2.99
7	1.32	1.50	1.71	1.95	2.21	2.50	2.83	3.19	3.58
8	1.37	1.59	1.85	2.14	2.48	2.85	3.28	3.76	4.30
9	1.42	1.69	2.00	2.36	2.77	3.25	3.80	4.44	5.16
10	1.48	1.79	2.16	2.59	3.11	3.71	4.41	5.23	6.19
15	1.80	2.40	3.17	4.18	5.47	7.14	9.27	11.97	15.41
20	2.19	3.21	4.66	6.73	9.65	13.74	19.46	27.39	38.34
25	2.67	4.29	6.85	10.83	17.00	26.46	40.87	62.67	95.40
30	3.24	5.74	10.06	17.45	29.96	50.95	85.85	143.00	237.00
35	3.95	7.69	17.79	28.10	52.80	98.10	180.00	328.00	591.00
40	4.80	10.29	21.72	45.26	93.05	189.00	397.00	750.00	1,470.00
45	5.84	13.76	31.92	72.89	164.00	364.00	795.00	1,717.00	3,657.00
50	7.11	18.42	46.90	117.00	289.00	700.00	1,671.00	3,927.00	9,100.00

시간 ↓

205

의 힘이 발휘되기 때문이다. 연복리 12퍼센트는 20년이 되면 약 9.65배로 원금을 증식시킨다. 연복리 14퍼센트는 20년이 되면 약 13.74배로 원금을 증식시킨다. 그리고 50년이 되면 연복리 12퍼센트는 289배로 원금을 증식시키고, 연복리 14퍼센트는 무려 700배로 원금을 증식시킨다([표 31]). 이런 놀라운 힘 덕분에 20년 이후부터 매달 금융연금을 꺼내 쓰더라도 엄청난 규모의 재산을 자녀에게 상속할 수 있는 것이다.

나는 미래를 단단하게 만들어도, 자녀의 미래가 내가 늘려놓은 돈 때문에 망가진다면 그건 단단한 미래 준비라고 할 수 없다고 생각한다. 그래서 단단한 미래를 만드는 준비는 근검절약과 재투자로 얻은 부가 어디로 향하는가에서 완성된다고 주장하는 것이다. 내가 쓰고 남을 만큼의 풍족한 돈이 칼로 변하여 자신과 사랑하는 가족을 찌르지 않게 하는 방법은 자녀와 돈에게 '부의 나눔이라는 사명'도 함께 가르치는 길뿐이다. 그렇지 않으면 자식 대에서 우리가 만든 소유가 단단하게 유지되지 못하고 오히려 자식을 망하게 만드는 칼이 될 수 있다.

사람과 세상을 망치는 것은 돈이 아니다. '돈의 오남용'이다. 사람들은 새로운 파괴적 기술이 등장하면, 그 기술이 세상을 파괴하고 새로운 고통을 만들어낼 것이라고 말하곤 한다. 그렇지 않다. 그 기술이 기존 패러다임을 완전히 파괴하는 힘을 가졌더라도, 세상을 파괴하고 사회적 고통을 만들어내는 것은 기술이 아니다. 그 기술을 옳지 않는 목적과 의도로 사용하는 사람이다. 파괴적 기술은 기존 패러다임의 한계를 극복하게 해주어 더 나은 미래를 만드는 힘을 제공한다. 하지만 이것을 자기만의 힘으로 독점하려고 하고, 그 힘을 이용해 다른 사람을 지배하고 죽이려는 사람들로 인해서 세상이 위험해지는 것이다. 돈도 마찬가지다. 돈이 세상을 망가뜨리는 것이 아니다. 돈이 자식을 죽이는 것이 아니다. 돈의 오남용이 세상을 망가뜨린다. 나눔의 정신을 잃어버린 돈이 사람을 죽이는 것이다. 아무리 돈이 많아도 '돈의 사명', '소유의 사명'을 가르쳐주면 자식은 올바른 길을 간다. 우리가 물려준 유산으로 올바른 일을 하도록 가르쳐야 한다. 여기까지 이르러야 '소유를 단단하게 만드는 모든 준비'가 끝나는 것이다. 돈 안에 잠재된 '모든 선한 일을 행할 능력'을 스스로도 깨닫고 자신의 자녀에게도 가르쳐주라.

오늘날 자본주의 사회는 어쩌다가 돈(부)과 관련된 사회적 고통을 해결하는 데 실패하게 됐을까? 가장 큰 이유는 역시 '돈의 사명' 혹은 '소유의 사명'을 소홀히 여겼기 때문이다. 더 나아가, 부지불식간에 돈의 잘못된 사용과 남용에 직간접적으로 가담하여 공범으로 살았기 때문이다. 소유의 사명이 사라지면, 세상의 부패 속도가 빨라진다. 반대로 소유의 사명이 되살아나고 돈이 '마땅한 행동'을 시작하면, 그리고 우리의 목표가 부자 되기가 아니라 '흠 없고 온전한 경제 및 금융 활동'으로 맞춰지면, '더 나은 미래'는 얼마든지 만들어질 수 있다.

요컨대, 근검절약하고, 잉여 자산을 올바르게 재투자하고, 그 잉여 자산을 나누는 일체의 활동이 '부의 사명'이다. 우리가 '부의 사명'을 아름답게 감당하면 세상이 옳은 방향으로 변한다. 우리 자신과 가족의 미래도 단단해진다. 그리고 인류 전체를 위한 더 나은 미래가 만들어진다.

4
장

미래를 단단하게 만드는 미래학자의

세 번째 도구:
확장 뇌, 인공지능

THREE TOOLS OF THE FUTURIST

미래학자가 말하는
미래 준비의 지혜

앞서 2장에서 나는 자본주의 시대를 살아가기 위해 알아야 할 '돈'에 관한 지혜, 즉 시간과 복리의 힘을 발휘하는 대상과 지혜에 대해 설명했다. 대상은 미국 종합주가지수와 국채였다. 지혜는 양적 완화와 긴축의 사이클, 경제 호황과 불황의 사이클을 이용하는 것이었다.

3장에서는 소유의 사명에 대해 이야기했다. 다소 철학적이고 윤리적인 내용이지만 이 역시 늘어난 부와 소유를 단단하게 지키는 삶의 지혜다. 나는 세 번의 실패를 통해 돈이나 물질에 지배당하지 않으려면, 소유의 사명을 아는 지혜가 필요하다는 것을 배웠다. 부지런히 노력하면, 내가 쓸 것을 넘어서는 소유를 얻을 수 있다. 잉여 소유다. 하지만 잉여 소유는 양날의 검과 같아서 나를 자만에 빠지게 만들어 또 다른 실패를 불러오기도 한다. 그러나 그것을 가난한 사람과 약자를 위해서 사용하면, 잉여 소유는 '행복'이라는 무형의 또 다른 소유로 되돌아온다. 이야말로 잉여 소유를 행복으로 바꾸어 영원히 내 마음속에 저장하는 지혜인 것이다. 2장에서 말한 금융연금이 나와 내 가정의 단단한 미래를 만드는 길이라면, 3장에서 말한 소유의 사명은 나의 자녀와 우리 사회의 단단한 미래를 만드는 길이다.

이제 4장에서는 미래학자가 생각하는 마지막 미래 준비의 지혜에 대해 말하려고 한다. 나를 단단하게 만드는 미래 준비다. 자본주의 시대를 사는 우리가 '돈'의 영역에서 시간과 복리의 힘을 발휘하는 지혜를 알아야 하는 것처럼 자유의 시대를 사는 우리는 '자아실현'의 영역에서 시간과 복리의 힘을 발휘하는 지혜를 알아야 한다. 즉, 자유의 시대에는 국가가 국민을 보호할 의무와 별개로 개인 스스로 자유롭게 자기를 책임지고 성장시킬 책임과 권리가 주어진다. 그리고 자아실현의 수준에 따라 미래가 달라진다. 그래서 나는 자아실현을 '나 자신을 단단하게 만드는 길'이라고 부른다. 그래서 이번 장에서는 나 자신을 단단하게 만드는 자아실현의 방법과 지혜를 나누어보려 한다.

차근차근, 자아실현을 생각하자

앞서 3장에서 다섯 가지 노동의 방식에 대해 이야기했다. 첫 번째 노동 방식인 '직장인' 생활은 50대가 마지노선이다. 2024년 이루어진 조사에 따르면 한국의 비자발적 퇴직 연령 평균은 49세라고 한다. 그러므로 50세부터는 최소 30년, 최대 50년을 내 몸과 정신을 사용해서 내가 주인이 되어 일하는 2~4번째 노동 방식 중 하나를 선택해야 한다. 하지만 50대 이후에 프리랜서나 셀프 자영업자 되기, 고용인을 둔 사업이나 소규모 자영업 경영하기, 나를 위해 일할 수 있는 '인공지능 로봇이나 기계를 고용'해서 일하기만으로는 완전한 경제적 독립이나 풍요로움을 얻기 힘들다. 그래서 보조 장치가 필요하다. 하나가 금융연금이고, 다른 하나가 자아실현이라는 동기부여다.

금융연금은 2~4번째 노동 방식만으로는 부족한 소득을 메꾸는 것이다. 그렇다면 자아실현은 어떤 역할을 할까? 사람이 돈만 벌며 살 수는 없다. 50이 넘고 나이가 들어가면 일의 무게 중심을 돈벌이보다는 남은 시간을 의미 있게 사는 '자아실현'에 두어야 한다(어떤 사람은 50세가 되기 이전부터 일의 무게 중심을 자아실현에 두며 살아간다). 이런 이유들로 나는 사람이 두 다리로 서듯, 금융연금과 자아실현이 50세 이후 홀로서기에 필요한 두 다리와 같다고 생각한다. 하지만 많은 이들이 자아실현을 먹고사는 문제가 해결되고 여유가 있을 때나 생각해볼 수 있는 한가로운 생각이라고 치부하곤 한다. 과연 그럴까?

자아실현自我實現, self-actualization의 사전적 의미는 "개인이 지니고 있는 소질과 역량을 스스로 찾아내어 그것을 충분히 발휘하고 개발하여 자기가 목적한 이상理想을 실현하는 것"이다. 그리스 철학자 아리스토텔레스는 인간은 목적적 존재이며, 자신의 잠재력과 가능성을 최대한 유감없이 발휘하는 것을 자아실현이라고 해석했다. 미국의 교육 사상가 시어도어 브라멜드Theodore Brameld는 개인이 인류 문화의 전승과 창조에 참여함으로써 자아실현을 할 수 있다고 했다. 미국의 심리학자 에이브러햄 매슬로Abraham Maslow는 자아실현의 욕구를 가장 고상하고, 모든 욕구가 충족된 후에 마지막으로 가지는 욕구라고 분류했다. 영국의 철학자 토머스 그린Thomas Green은 자아실현은 인간이 신의 성품과 같은 최고의 선善을 실현하는 것이라고 해석했다.[6] 종합하면 자아실현은 인간의 기본 욕구를 넘어서는 최고의 욕구이며, 자신이 가진 잠재력과 가능성을 유감없이 발휘하여 최고의 선을 실현하고 나아가 인류 문화의 전승과 창조에 참여하는 행위다.

나는 자아실현은 내가 누구인지 발견하고, 세상에서 나를 필요로 하는 영역이 어디인지 찾고, 내 남은 인생을 모두 헌신할 만한 가치 있는 것(행복을 가장 크게 느낄 수 있는 것)이 무엇인지 차근차근 탐구하고 실현해나가는 것이라고 해석한다. 이 모든 것들은 먹고사는 문제와 충분히 연결되고, 오히려 자아실현을 생각해야 일을 더 잘할 수 있다. 그러니 이제라도, '자아실현'의 중요성과 개념을 다시 생각해보자. 자아실현은 나를 단단하게 만드는 지름길이다.

---

6   하동석, 유종해, 『이해하기 쉽게 쓴 행정학용어사전』, 새정보미디어

자아실현을 위한
세 가지 질문

자아실현을 위한 첫걸음은 다음의 세 가지 질문을 던지는 데서 시작한다.

첫째, 내가 기뻐할 수 있는 '가치價値'는 무엇인가?

둘째, 내가 살아갈 '시대時代'에서 나를 필요로 하는 영역은 어디인가?

셋째, 내가 발휘할 수 있는 구체적 '능력能力(내가 가진 것, 소명)'은 무엇인가?

나는 이 세 가지 질문을 '가치 있는 시대적 소명을 발견하는 비전 질문'이라고도 부른다. "내가 기뻐할 수 있는 '가치'는 무엇인가?"에 대답하지 못하면, 진정한 행복을 누리지 못하는 인생이 된다. 이 질문을 곱씹어보자. 이 질문에 대한 해답을 찾는 순간, 내 삶은 고귀한 것으로 승화되고 진정한 행복을 찾는 여정이 시작된다. 가치의 문자적 의미는 '값어치 있는 의의나 중요성'이다. 사전적 의미는 "사물이 가지고 있는 쓸모. 대상이 인간과의 관계에 의하여 지니게 되는 중요성. 인간의 욕구나 관심의 대상 또는 목표가 되는 진, 선, 미 따위를 통틀어 이르는 말"이다.[7] 즉 가치는 나 자신, 가족, 이웃, 인류에게 쓸모 있고, 의의나 중요성이 있는 진선미眞善美를 뜻한다.

"내가 살아갈 '시대'에서 나를 필요로 하는 영역은 어디인가?"에 대답하지 못하면, 미래 유망성, 시대적 가치, 시대적 필요와는 동떨어지게 되고 지금 당장 먹고사는 문제로 인생이 축소된다. 자아실현을 위해서는 시대 변화에 관심을 기울여야 한다. 앞으로 내가 살아갈 '시대 모습'은 무엇인가에 관심을 갖자. 자아를 실현하는 영역은 '세상'이다. 우리가 변하는 세상에 관심을 가져야 하는 이유는 나를 필요로 하는 영역을 찾기 위해서다. 자아실현이라는 작은 씨앗은 나를 필요로 하는 곳과 만날 때, 아름다운 꽃으로 피어난다.

"내가 발휘할 수 있는 구체적 '능력'은 무엇인가?"에 대답하지 못하면, 내 역량을 최대한 발휘하지 못해 무력한 하루를 살아가게

---

7   네이버 국어사전, '가치'

된다. 내가 가진 것이 무엇인지를 질문하고, 발견하고, 훈련하자. 나는 '내가 가진 것', '내가 가지고 태어난 것'들을 '소명'과 연결시킨다. 나는 신이 나를 이 땅에 보낸 데는 계획이 있어서라고 믿는다. 의미가 있어서라고 믿는다. 소명이라는 단어는 '부를 소召', '명령할 명命'으로 이루어져 있다. 왕이 신하를 불러 구체적으로 내린 명령이다. 해야 할 일을 명령하는 것이다. 신은 우리를 이 땅에 보낼 때 나름의 해야 할 일(소명)을 명령했고, 그것을 이룰 수 있도록 구체적인 역량을 내 안에 심어두었다. 나는 그것이 타고난 재능의 의미라고 본다.

나는 재능을 두 가지로 구분한다. 선천적 재능과 후천적 재능이다. 인간은 고유의 유전적 특징을 갖고 태어남과 동시에, 죽을 때까지 자신의 역량을 변화시키면서 산다. 인간의 역량은 고정되어 있지 않아서 쓰지 않으면 퇴보하기도 하고, 교육과 훈련을 통해 발전하기도 한다. 최근 연구에 따르면, 인간의 뇌조차도 노력하면 죽을 때까지 발전한다고 한다. 나는 인간의 역량을 내적 역량과 외적 역량으로도 구별한다. 내적 역량은 나의 내부에 있는 자원이다. 가치, 인성, 관심사, 재능, 성격, 기술, 생각의 힘, 성찰력, 언어 및 지각 능력, 리더십 등이다. 외적 역량은 살아가는 환경 속에서 외부로부터 얻어지는 자원으로, 관계와 사람, 지역 등이다. 내가 지금까지 살아오면서 만들어졌던 관계들, 앞으로 살아가면서 만들 관계와 사람이 외적 역량에 속한다.

다시 강조하건대, 나를 단단하게 만드는 준비는 자아실현에서 시작한다. 그리고 자아실현을 위한 첫걸음은 위의 세 가지의 질문을 매일 던지는 데서 시작한다. 오늘부터 이 세 가지 질문을 자신에게 던져보라.

나만의 미래 지도를
그려라

나는 오랫동안 기업이 더 나은 미래를 만들도록 돕는 다양한 시도들을 해왔다. 또한 일반인의 자아실현을 돕는 강의와 워크숍도 많이 진행했다. 일명 '미래 준비 학교'다.

미래 준비 학교에 입학한 사람이 하는 첫 번째 일은 '비전 스케치sketch' 그리기다. 개략적으로 나의 비전이 무엇인지 '밑그림'을 그려보는 것인데, 비전의 출발점에 설 수 있도록 코칭하는 단계에 속한다. 비전을 찾고 자아실현의 길을 가는 것도 첫 단계에서는 완벽할 수 없다. 그래서 나는 첫 단계에 '스케치'라는 말을 붙였다. 스케치는 어떤 사건이나 내용의 전모를 간략하게 적거나 대략적으로 간추린 모양을 그려보는 것을 의미한다. 가치와 세상, 자신을 이해하는 깊이와 넓이가 완벽하지 않기 때문에 이를 이해하기 위해서

222

는 상당한 시간이 필요하다. 많은 훈련이 필요한 일이다.

그래서 첫 단계에서는 비전을 대략적이고 간추린 모양으로 찾아보는 데 만족해야 한다. 그러나 완벽하지 않아도 이러한 밑그림을 그리는 작업은 아주 유익하다. 어디서 출발하면 되는지, 그리고 어디로 가면 되는지 방향을 알려주기 때문이다. 첫술에 배부를 수는 없는 법이다. 마찬가지로, 첫 단계에서부터 자신의 비전을 완벽하게 이해하고 자아실현에 성공하는 사람은 한 사람도 없다. 첫 단계에서는 자기 비전의 대략적인 방향과 밑그림 정도만 알고 출발해도 된다. 비전 스케치를 통해 설정한 것은 비전의 방향성이다. 나는 이것을 '기본 비전baseline vision'이라고 부른다.

이 외에도 비전 스케치 단계에서는 올바른 자존감自尊感을 형성하기 위해 나의 모습을 확고히 하는 '터 다지기'도 한다. 올바른 자존감 형성이야말로 자아실현의 가장 중요한 요소이기 때문이다. 자존감은 자존심自尊心과 다르다. 자존감은 자기의 품위를 스스로 지키려는 감정으로 자신을 존중하고 사랑하는 마음이다. 자존감은 삶의 모든 영역에 영향을 주기에 자신을 존중하고 사랑하지 않으면 미래를 꿈꿀 수 없다. 자존감이 흔들리면 자아실현을 할 엄두조차 내지 못한다.

비전 스케치 단계에서는 기초적인 '비전 자극'도 한다. 비전 성취나 자아실현은 다양한 자극을 받을 때 풍성해지기 때문이다. 나는 이것을 비전 자극, 자아실현 자극이라고 부른다. 자극은 간접 자극과 직접 자극 두 가지로 나뉜다. 나는 간접 자극의 일환으로 다양한 책 읽기를 과제로 내곤 한다. 미래 준비 학교 커리큘럼에 일정 수준의 교육을 넣는 방식도 사용한다. 세상의 학문 교육을 받는 것, 다양한 분야의 책을 읽는 것, 본받을 만한 인물의 자서전을 읽는 것 등이다. 가능하면 다양한 분야의 책을 읽게 하는데 자극의 폭이 넓고 종합적일수록 효과가 좋기 때문이다.

비전 자극은 어릴 적부터 빨리 하는 것이 좋다. 가정 교육과의 연계를 통해서 다양한 과제나 훈련을 받게 하는 것도 좋은 비전 자극이다. 종교활동, 경제 훈련, 리더십 훈련, 과학 탐험도 좋은 비전 자극 프로그램이 된다. 다양한 과제나 훈련을 하면서 내가 무엇에 흥미를 느끼는지 지속적으로 점검하라. 자신감을 갖게 만들거나 신나게 만드는 것, 가슴을 뛰게 하는 것이 무엇인지 면밀히 관찰해두어야 한다. 같은 시간과 노력을 들였음에도 좀 더 수월하고, 재능을 발휘하는 영역이 무엇인지 관찰해보자.

직접 자극으로는 짧은 여행이나 현장 체험이 좋다. 세상을 직접 체험하면 색다른 자극을 다양하게 받게 된다. 늘 하던 대로 여행을 떠나라. 단, 맞닥뜨리는 환경이나 체험 속에서 비전과 관련해서 무엇을 느끼고, 도전받고, 깨닫게 되었는지를 생각하고 관찰하고 기록하라. 다양한 분야와 환경에 놓여지는 경험을 통해 자극을 골고루 균형 있게 받아라. 그리고 그 과정에서 끊임없이 관찰하고 기록하라.

지금까지 비전을 발견하지 못한 사람, 자아실현의 방법을 모르는 사람은 직간접 자극을 충분히 받지 못했을 가능성이 크다. 자극이 부족한 상태에서 너무 빨리 "나는 아무것도 할 수 없어!", "세상의 벽은 너무 높아!" 하며 자신의 미래와 비전을 포기해버렸을 가능성이 크다. 비전 자극이 다양하고 광범위할수록 찾아낼 수 있는 비전의 범위가 넓어지고 자아실현의 욕구도 커진다. 반대로 비전 자극이 적고 협소할수록 비전의 범위는 작아지고 자아실현의 욕구도 감소한다.

어느 대학교에서 자살을 시도한 60명의 학생들을 대상으로 인터뷰를 한 적 있다. 연구자들은 그들에게 자살의 이유를 물었다. 자살을 시도한 학생들 중 85퍼센트는 "자신의 삶이 무의미하고 목적이 없는 것처럼 보였기 때문"이라고 대답했다. 이들의 93퍼센트가 사회적으로 아무 문제가 없었고 성적도 우수했으며 가족관계도 원만했다. 겉으로 보기에는 자살을 시도할 이유가 전혀 없었다. 그들의 내면에서는 무슨 일이 일어난 것일까? 바로 '공허함'이었다. 겉모습과 다르게 '삶의 방향성'이 없었다. '인생의 의미'가 없었기에 삶의 의욕이 줄고 공허했던 것이다.

누군가는 "자아실현을 왜 해야 하느냐"라고 물을지 모른다. 나의 대답은 간단하다. 자아실현이야말로 내 인생의 진짜 의미를 찾는 행위이기 때문이다. 자아실현을 통해 우리는 내 인생의 '비전'을 찾아야 한다.

자아실현을 돕는
최고의 조력자, 인공지능

미국의 인생 전략가로 유명했던 필립 맥그로**Philip McGraw**는 다음과 같은 말을 했다.

"꿈꾸는 것은 쉽다. 그러나 그 꿈을 현실로 만들고 싶다면 전략, 프로그램, 구체적인 기술과 지식, 에너지 등 많은 것들이 요구된다."

앞서 언급한 '비전 스케치'를 통해 우리는 자아실현을 위한 좋은 미래 지도를 만들 수 있다. 당연히 어느 방향으로 가야 하는지 알려주는 나만의 지도는 자아실현에 있어 가장 중요하다. 하지만 지도만큼이나 중요한 것이 좋은 항해 기술이다. 그래서 당신의 자아실현을 도와주는 최고의 조력자를 하나 소개하겠다. 바로, '생성형 인공지능'이다.

생성형 인공지능 기술을 한낱 유행으로 보는 시각이 많은데, 그렇지 않다. 생성형 인공지능은 대세이며, 앞으로 인공지능 없는 세상은 상상조차 할 수 없을 것이다.

매년 1월, 미국 네바다주 라스베이거스에서는 소비자 기술 협회Consumer Technology Association, CTA가 주최하는 CESConsumer Electronics Show 행사가 열린다. 글로벌 혁신가들이 모이는 세계 최고의 소비자 기술 분야 국제 박람회다. CES는 1967년 뉴욕에서 처음 열렸다. 첫 번째 행사에 무려 1만 7,500명의 참가자와 100개 이상의 전시 업체가 참여했고, 포켓 라디오와 집적회로가 탑재된 텔레비전 등이 첫선을 보였다. 이 행사에서 주목을 받은 기술과 제품은 대체로 몇 년 이내에 상용화되어 대중의 인기를 한 몸에 받는다. 이번 CES 2024에서 가장 뜨거운 주목을 받은 기술은 '인공지능'이었다. CES 2024 측은 인공지능을 모든 산업 분야에 적용시켜 전 세계 공통 과제를 해결하자는 의미로 '올 투게더, 올 온All Together, All On'을 슬로건으로 정했다. 행사장 곳곳에서는 생성형 인공지능의 대명사가 된 오픈AI의 '챗GPT'가 탑재된 자동차를 시작으로 스마트폰, 컴퓨터, 쇼핑, 미디어, 건강 모니터링을 포함한 헬스케어, 금융, 가정용 로봇, 게임, 가상현실, 증강현실, 3D 프린팅 등 다양한 산업 분야에 걸쳐 인공지능 기술이 통합되고 활용된 모습이 펼쳐졌다. 전문 미래학자인 나에게 인공지능에 대해 물을 때, 빠지지 않고 등장하는 질문이 하나 있다.

"박사님! 미래에는 인공지능과 사람의 대결이 펼쳐질까요?"

나의 답은 "아니다"이다. 미래에는 인공지능과 사람이 대결하지 않는다. 그런 미래가 오려면 앞으로도 최소한 100~200년은 지나야 한다. 우리가 살아갈 가까운 미래의 인공지능은 인간의 능력을 향상시키는 놀라운 조력자 역할을 할 것이다. 나는 위의 질문에 '아니다'라는 대답과 함께 이렇게 첨언을 한다.

"우리는 지금부터 인공지능을 잘 사용하는 사람과 그렇지 못한 사람이 경쟁하는 시대, 인공지능을 잘 사용하는 사람과 그렇지 못한 사람의 차이가 드러나는 시대로 진입합니다."

나는 우리가 인공지능을 얼마나 잘 사용하느냐에 따라서 '자아실현'의 수준과 정도가 달라질 것이라고 예측한다.

카스파로프의
속죄

1997년 5월, 수많은 사람들이 텔레비전 앞에 둘러앉았다. 세계 체스 챔피언 가리 카스파로프 ^{Garry Kasparov}와 IBM이 개발한 인공지능 체스 프로그램 '딥블루^{Deep Blue}'가 벌이는 세기의 대결을 보기 위해서였다. 세계에서 체스를 가장 잘 두는 사람과 컴퓨터가 게임을 한다? 전 세계 사람들의 호기심을 끌기에 충분한 이벤트였다. 하지만 게임이 시작되기 전까지도 사람들은 이 이벤트를 흥미로운 장난 정도로 생각했다. 생각하는 능력이 없는 컴퓨터가 지적 게임의 대명사인 체스에서 인간을 이기는 모습은 상상도 할 수 없었기 때문이다.

사실 이번 대결은, IBM 딥블루의 설욕전 성격이었다. 약 1년 전인 1996년 2월, 둘 간의 첫 대결이 있었고, 당시에는 카스파로프가

총 6번의 대국에서 3승 2무 1패(4-2)의 성적으로 딥블루를 제압했다. 그사이 IBM은 딥블루를 더욱 업그레이드했고, 1997년 5월에 재대결이 성사된 것이다. 첫 대결에서 이겼기 때문일까? 카스파로프는 딥블루와의 대결을 앞두고 호기롭게 이런 말을 했다.

"컴퓨터가 체스 선수들을 이길 날이 올까요? 저는 절대 그런 일이 일어나지 않을 것이라고 확신합니다."
"컴퓨터가 나의 감정을 이해하고 그것에 대한 대처를 할 수 있을까요? 절대 불가능합니다."
"컴퓨터가 체스의 가치를 이해하고 대결에서 승리를 추구할 수 있을까요? 아니라고 생각합니다."

호언장담이 무색해지는 데는 오랜 시간이 걸리지 않았다. 카스파로프는 총 6번의 대국에서 첫판을 제외하고는 이후 한 번도 딥블루를 이기지 못했다. 결과는 1승 3무 2패였다(딥블루-카스파로프: 3.5 - 2.5). 텔레비전 화면을 지켜보던 전 세계가 충격에 빠졌다. 나는 이 사건을 인공지능이 인간에게 안긴 첫 번째 충격이라고 평가한다. 1승 3무 2패라는 결과에도 불구하고, 카스파로프는 자신의 패배를 인정하지 않았다. 그리고 이렇게 변명했다.

"처음에는 나와 컴퓨터가 각자의 강점을 가지고 있을 것이라고 생각했지만 결국엔 인간의 직관과 창의성이 이긴다는 것을 깨달았습니다."

"컴퓨터는 계산하는 능력에서 인간을 이길 수 있지만, 그 밖의 것에서는 인간이 이길 수 없습니다."

"컴퓨터는 아직 '생각'을 할 수 없습니다. 그저 숫자를 계산하고 그 결과에 따라 움직일 뿐입니다."

"컴퓨터는 '잘못된' 수를 두지 않습니다. 그러나 그것이 언제나 '올바른' 수라는 보장도 없습니다."

끝까지 인간의 자존심을 버리지 못하고, 자신이 패배했다는 사실을 인정하지 못한 심정이 곳곳에 묻어 있는 말들이었다. 이 사건이 있고 20여 년이 지난 2021년 3월 18일, 《하버드 비즈니스 리뷰》에 나의 눈을 사로잡는 기고문이 하나 실렸다. 제목은 "인공지능은 인간의 지능을 대체하는 것이 아니라 증강시켜야 한다AI should augment human intelligence, not replace it"였다. 그리고 놀랍게도 이 글을 쓴 공동 저자는 1997년 5월, IBM 딥블루와 세기의 체스 대결을 벌였던 카스파로프였다. 나는 우스갯소리로 카스파로프가 이 기고문을 통해 사상적 전향, 혹은 속죄를 했다고 말한다. 전향과 속죄의 대상은 인공지능이다.

그가 쓴 기고문의 핵심은 이렇다. 인공지능은 인간의 지능을 '대체'하지 않는다. 하지만 인간의 '증강지능Augmented Intelligence, AI3'

역할을 하고, 인간의 능력을 보완하고 향상시키는 데 결정적 역할을 할 것이다. 인공지능과 인간 지능은 서로 다른 재능을 보유하고 있으며, 이 둘을 결합하면 조직은 더 효율적이고 창의적이며 선제적으로 작동할 수 있다. 그러니 개인이든 기업이든 인공지능을 하루빨리 업무에 도입해야 한다는 주장이다. 카스파로프는 회사 조직들이 인공지능을 업무 및 시스템에 통합시키고 효과적으로 활용하기 위한 몇 가지 전략도 조언했다. 인간과 인공지능의 '새로운 다양성'을 포용하는 팀 구성, 인간과 기계를 하나로 모으는 리더십, 인공지능의 작동 방식과 활용 가능성에 대한 교육 및 인간의 판단 능력을 활용하는 전략 등이다.[8] 그리고 카스파로프는 이런 말을 덧붙였다.

"인간과 인공지능의 협업은 새로운 가치를 창출해준다. (…) 하지만 인간과 인공지능의 결합이 무조건적인 성공을 보장하지는 않는다. 성공은 양자 간의 상호작용 방식과 프로세스의 질에 달려 있다."

---

8 https://www.kasparov.com/ai-should-augment-human-intelligence-not-replace-it-harvard-business-review-march-18-2021/

인공지능과의 협업,
선택이 아닌 필수

나는 앞으로 인공지능 사용 기술의 차이가 자아실현의 차이를 만들 것이라고 예측한다. 카스파로프는 앞서의 기고문에서 자신의 두 가지 중요한 경험을 실례로 소개했다. 딥블루와의 체스 게임에서 패배한 후, 가장 큰 충격에 빠진 사람은 카스파로프 자신이었다. 한참을 충격에 빠져 있다 나온 그는 체스라는 지적 게임에도 새로운 접근법이 필요하다는 생각을 하기 시작했다. 다름 아닌 인공지능과 인간의 적극적 협업 방식에 대한 발상이었다.

  1998년, 카스파로프는 스페인 레온에서 열린 세계 체스 대회에서 자신의 발상을 구현하는 흥미로운 실험을 하나 진행한다. 인공지능과 인간이 한 팀을 이루어서 체스 게임을 하는 실험이었다. 카스파로프의 상대는 불가리아의 체스 선수 베셀린 토파로프^{Veselin}

^{Topalov}였다. 그는 이전에 카스파로프에게 4대 0으로 패했던 선수다. 카스파로프는 토파로프와 서로 동일한 인공지능 프로그램을 사용하여 재대결을 벌이기로 한다. 결과는 놀랍게도 3대 3 무승부였다. 카스파로프는 인간과 인공지능의 적극적 협업이 이루어지면서, 자신이 평소에 우위를 보였던 계산력과 전략 능력이 상쇄된 것으로 추정했다. 대회를 마친 후, 카스파로프는 다음과 같이 회고했다.

"인공지능 덕분에 나는 전략적 기획에 더 집중할 수 있었다."

카스파로프는 단지 최고의 인간 기사와 최고의 인공지능을 단순 결합한다고 해서 완벽한 게임 실력이 발휘되지는 않는다는 점에도 주목했다. 그래서 또 다른 실험 하나를 기고문에 소개했다. 2005년, 온라인 체스사이트(Playchess.com)에서 열린 프리스타일 체스 대회의 사례였다. 이 대회에 출전하는 팀은 인간끼리 한 팀을 이룰 수도 있고 인간과 인공지능이 한 팀을 구성할 수도 있었다. 인공지능 체스 알고리즘을 작동시키는 컴퓨터의 종류에도 제한이 없었다. 참고로, 같은 알고리즘이라도 작동시키는 컴퓨터의 성능에 따라 실력에 차이가 난다. 카스파로프를 비롯해서 몇몇 체스 그랜드 마스터와 슈퍼컴퓨터 연합 팀도 이 대회에 참가했다. 대부분의 전문가들은 누구의 우승을 예상했을까? 모두가 그랜드 마스터 팀이나 그랜드 마스터와 슈퍼 컴퓨터에서 작동하는 인공지능의 연합 팀이 우승하리라 예상했다. 상식적인 예측이었다. 하지만 결과는 의외였다. 두 명의 아마추어 체스 선수와 세 대의 일반 컴퓨터에서 작동하는 알고리즘 연합 팀이 우승을 차지한 것이다. 이들은 그랜드 마스터와 슈퍼 컴퓨팅 파워를 기반으로 한 인공지능 연합 팀까지 모조리 꺾었다.

《하버드 비즈니스 리뷰》에 실린 기고문에서 행동과학자 데이비드 드 크레머David De Cremer는 이들의 승리 비결을 다음과 같이 설명했다.

"두 명의 아마추어 체스 선수들이 승리할 수 있었던 이유는 인공지능 컴퓨터의 역량을 효과적으로 조율하고, 좋은 결과가 나올 수 있도록 인공지능-인간, 인간-인간을 상호 코칭하며 게임을 진행했기 때문이다."

이에 대해 카스파로프는 이렇게 덧붙였다.

"'약한 인간과 기계, 더 나은 프로세스'의 조합이 '강력한 컴퓨터 단독'보다 우수했고, 더욱 놀랍게도 '강력한 인간과 기계, 열등한 프로세스'의 조합보다 우수했다."

여기서 약한 인간은 이 글을 읽는 여러분이다. 50이 넘은 은퇴자일 수도 있고 나이든 노인일 수도 있다. 기계는 챗GPT같은 생성형 인공지능을 가리킨다. 그리고 '더 나은 프로세스'는 인공지능 사용 노하우를 뜻한다.

지금 우리 앞에 새로운 길이 열렸다. 그리고 남들보다 빨리 '인공지능 사용 노하우'를 익히면 자아실현의 길은 더 빨리 열리게 될 것이다. 카스파로프가 최고의 조합이라고 말한 '약한 인간 + 기계 +

더 나은 프로세스'의 조합이 자아실현의 영역에도 적용되는 것이다. 우리가 이 조합을 만들 수만 있다면, 자아실현의 길은 더 빨리 열릴 수 있다.

도구 vs. 비서 vs. 확장된 뇌

인간의 뇌는 우뇌와 좌뇌로 구성된다. 이 두 반구는 생김새는 서로 유사해 보이지만, 그 기능과 처리 방식은 매우 다르다. 좌뇌는 언어, 논리적 사고, 분석적 사고, 수학 능력과 관련된 작업을 처리하는 데 뛰어나다. 반면, 우뇌는 공간 인식, 창의력, 예술적 감각, 직관과 같은 비언어적이고 창의적인 과제를 처리하는 데 효과적이다.

하지만 이런 구분은 단순히 기능적인 분류일 뿐, 최신 뇌 연구에 따르면 인간의 뇌는 훨씬 더 유연하고 복잡하게 상호작용한다고 한다. 대부분의 뇌 활동은 두 반구의 협력을 필요로 하며, 전체 뇌가 함께 작동하면서 이루어진다. 즉 기능이나 역할은 각기 독립적이지만 종합적 사고의 발현은 '뇌량腦梁, corpus callosum'을 통해 서로 통신하면서 전체 뇌가 함께 작동하는 데서 온다. 뇌량은 좌우 뇌

237

를 서로 연결시키는 대뇌의 중앙에 위치한 수백만 개의 신경섬유 다발이다. 이 신경섬유들은 좌우 뇌 사이로 정보가 신속하게 전달되도록 하는 통신 채널 역할을 한다. 뇌량을 통해 전달되는 정보로 좌우 뇌는 서로의 활동을 조정하고, 복잡한 인지적 과제를 수행하는 등 협력을 한다. 즉 최고의 지능이 발현되려면 좌뇌와 우뇌 각각의 발달도 중요하지만, 둘 간의 협력이 결정적이라는 얘기다. 좌뇌와 우뇌 중 어떤 반구가 좀 더 발달했느냐는 지능적 '특성'에 영향을 미치고, 진정한 지능의 발현이나 복잡한 문제를 해결하고, 창의적인 생각을 하는 것은 뇌량이라는 연결 통로를 통해 우뇌와 좌뇌가 얼마나 협력적이고 유연하고 복잡하게 상호작용하는지가 결정적이다.

나는 미래학자로서 인간이 챗GPT 같은 생성형 인공지능을 사용하는 수준을 세 단계로 구분하여 가르친다. 1단계는 도구^{assistant tool}, 2단계는 비서^{agent}, 3단계는 확장 뇌^{augmented brain}다.

1단계 '도구'는 생성형 인공지능을 '보조 및 지원 도구' 정도로 인식하고 사용하는 수준을 뜻한다. 나는 이 단계를 어떤 작업이나 프로젝트를 보조하고 지원하는 역할을 가리키는 영단어 'assistant'에서 차용했다. 사용 수준으로 볼 때 '가장 기본 단계^{baseline usage}'에 속한다. 이 단계에 머물러 있는 사용자는 생성형 인공지능을 일정 관리, 이메일 정리, 간단한 질문에 대한 답변 제공 등의 일에만 사용한다. 이를테면 "이 문서 내용을 요약해줘"나 "자기계

발을 위해서 무엇을 해야 하는지 추천해줄래?” 정도로 사용한다.

2단계 ‘비서’는 인공지능을 마치 ‘인간 비서’처럼 활용하는 수준이다. 인공지능에게 ‘대리’ 역할을 부여하여 결과물을 얻어내는 방법을 안다. 컴퓨터 분야에서는 대리 역할을 하는 프로그램을 ‘에이전트’라 부르는데, 이 에이전트(대리자)는 사용자가 지시한 특정 작업이나 프로세스를 처음부터 끝까지 ‘독립적’으로 수행할 수 있다. 2단계 비서와 1단계 도구의 차이점은 바로 인공지능이 얼마나 자율성과 주도성을 갖느냐다. 2단계 에이전트는 어시스턴트보다 높은 수준의 자율성을 가지고, 주어진 목표를 달성하기 위해 스스로 결정을 내리고 행동할 수 있는 능력을 갖추고 있다. 예를 들어, 생성형 인공지능에게 “웹사이트를 만들어라” 같은 단독 임무를 명령하면 생성형 인공지능이 자율성과 주도성을 가지고 관련된 컴퓨터 프로그램들을 스스로 제어하면서 주어진 임무를 처음부터 끝까지 완료한다. 인공지능 스타트업 코그니션이 만든 생성형 인공지능 ‘데빈Devin’이 대표적인 인공지능 기반 코딩 에이전트다. 오픈AI도 챗GPT5부터는 생성형 인공지능에 이 에이전트 기능을 기본으로 탑재한다.

이 단계에서는 사용자가 에이전트가 수행해야 하는 일의 ‘목적’과 ‘결과물의 수준’을 정확하게 제시하는 것이 중요하다. 나는 이 정도의 사용 수준을 ‘고급 사용 단계advanced usage’라고 부른다. 하지만 이 역시 생성형 인공지능 사용의 최고 수준은 아니다.

최고 수준인 3단계는 생성형 인공지능을 '확장된 뇌'로 사용하는 것이다. 나는 이 단계를 '최고 사용 단계' 혹은 '궁극적인 사용 단계ultimated usage'라고 부른다. 이 수준에 도달하면 생성형 인공지능이 인간의 생물학적 뇌와 함께 연동되어 사용된다는 느낌을 받게 된다. 그래서 "인간의 기억과 생각의 확장과 조합에 한계가 사라지는" 효과를 얻게 된다. 일명 '뇌 가소성의 극대화'다. 생각하고 공부하고 일하는 방식에도 근본적 변화가 일어난다. 마블 영화에 등장하는 아이언맨은 나노 소재로 만든 로봇 옷을 입고 종횡무진 활약한다. 적을 향해 자동차를 들어 던지고 스포츠카보다 빨리 달리며 악당을 물리친다. 이런 '입는 로봇'은 당연히 현실에서는 아직 불가능하다. 대신, 인간 신체의 한계를 극복하는 입는 로봇은 상용화되고 있다. 국내 한 렌탈업체에서는 여러 종류의 입는 로봇을 빌려주는 사업도 시작했다. 입는 로봇을 입으면 하반신 마비를 극복하고 걸을 수 있고, 물류창고나 공장에서 일하는 인간 근로자의 근력을 증강시켜주며, 나이가 들어 근육이 감소한 고령층의 활동성을 높일 수 있다. 2024년 초, 한 신문에 한국과학기술연구원KIST 지능로봇연구단 이종원 박사팀이 개발한 입는 로봇 '문워크-옴니MOONWALK-Omni'를 착용한 65세 남성이 왕복 세 시간이 걸리는 북한산을 무리 없이 등정했다는 기사가 실리기도 했다. 문워크-옴니는 65세 남성의 다리 근력을 최대 30퍼센트 강화해주었고, 균형감도 보조해주었다. LIG넥스원도 근력증강로봇 'LEXO-2.5'를 상용화했고, 현대로템도 VEX(조끼형)와 H-Frame(지게형), CEX(의자형) 등 다양한 제품군을 출시했다. 삼성전자도 로봇 개발기업 레인보우 로보틱스와 공동으로 '봇핏'이라는 보행 보조 로봇을 개발했다.[9]

　나는 챗GPT 같은 생성형 인공지능을 인간의 생물학적 뇌 기능을 '확장하는 뇌'로 본다. 마치 신체적 한계를 극복하게 해주는 입는 로봇처럼 생물학적 한계를 극복하는 '입는 뇌'로 활용할 수 있다는 얘기다. 2016년 나는 『미래학자의 인공지능 시나리오』라는 책에서 미래의 인간이 갖게 될 '세 개의 뇌'에 대한 시나리오를 발표했다. 미래에는 인간의 능력이 자신이 가진 생물학적 뇌$^{biological\ brain}$ 한 개보다 외부에 있는 두 개의 뇌를 얼마나 잘 사용하는지에 따라 결정적 차이가 날 것이라는 예측이었다. 다음에 나오는 [표 32]는 그 당시 내가 예측한 미래의 인간이 갖게 될 세 개의 뇌를 설명한 그림이다.

　첫째, 인간의 생물학적 뇌는 바이오 및 나노 공학의 도움을 받아 의학적으로 대폭 증강^{augmentation}될 것이다. 하지만 인간의 지능 증강에 결정적인 역할을 하는 것은 외부에 있는 두 개의 뇌다. 나는 이것을 '확장 뇌' 혹은 '외장 뇌'라고 부른다. 인간이 갖게 될 두 개의 확장 뇌 혹은 외장 뇌 중 하나가 바로 챗GPT 같은 생성형 인공

9　김승준, "입는 로봇 '인체 한계 없앤다'…현실에 등장하는 아이언맨 슈트", 뉴스1, 2024. 01. 13.

[표 32] 인간 지능의 증강에 따른 의사결정 방식의 변화

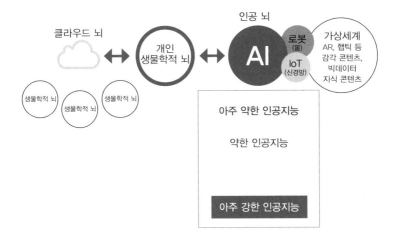

지능이다. 나는 이것을 '인공 뇌artificial brain'라고 부른다. 이러한 인공 뇌를 사용하여 인간의 지능이 증강되는 길은 두 가지다. 하나는 인공지능을 개발하는 회사들이 현재의 약한 인공지능 수준에서 아주 강한 인공지능까지 지속적으로 기술을 발전시키는 것이다. 이 기술 발전의 혜택은 모든 사람들이 동일하게 누린다. 다른 하나는 인간 스스로가 '인공 뇌'를 자기만의 노하우를 통해 실제의 자기 뇌처럼 자유자재로 사용하는 기술을 발전시키는 것이다. 이 부분에서 인공지능을 사용하는 사람 간의 실력 차가 발생한다.

두 개의 확장 뇌 혹은 외장 뇌 중 다른 하나는 강한 인공지능 수준으로 발전한 '인공 뇌'를 활용하는 인간들이 인터넷 공간에서 서

로 연결되고 공유되어 인류의 전체 지능이 하나의 지성처럼 움직이는 집단 뇌 활용이다. 나는 이것에 '클라우드 뇌cloud brain'라는 이름을 붙였다. 이 클라우드 뇌는 21세기 중반쯤이면 등장하리라 예측한다. 그리고 21세기 말경이 되면, 가상인지 현실인지 전혀 구별하지 못하는 통합 환경이 만들어지고, 클라우드 뇌도 인간의 의식과 완전히 통합되어 개인의 생물학적 뇌처럼 사용할 수 있는 단계까지 발전하게 될 것이다.

'지능의 증강'을
한발 먼저 받아들여라

지금까지의 내용을 정리해보자. 나는 자아실현을 나 자신을 단단하게 만드는 길이라고 조언했다. 그리고 그것을 어떻게 시작해야 하는지 그 방법도 살펴보았다. 하지만 자아실현을 실천에 옮기려면 전략, 프로그램, 구체적인 기술과 지식, 에너지 등 많은 것들이 요구된다. 일명 좋은 항해 기술이다. 나는 생성형 인공지능이 우리의 자아실현을 돕는 최고의 조력자가 될 것이라고 확신한다. 그래서 지금부터라도 나를 단단하게 만드는 강력한 조력자인 생성형 인공지능을 적극 사용하기를 권하는 바이다. 아직은 확장 뇌라는 느낌을 이해하기 어려울 수도 있지만 최소한 좋은 친구로 삼기를 적극 추천한다.

2024년 2월 23일, 프로바둑 세계 1위 신진서 9단이 중국에서 열렸던 세계 바둑 대회(농심신라면배 세계바둑최강전)에서 한국의 마지막 주자로 출전했다. 그가 등판하기 전까지 한국 팀은 중국에 연패를 하며, 절체절명의 위기에 몰려 있었다. 마지막으로 남은 주자는 신진서 9단뿐이었다. 신진서마저 패하면 우승은 중국팀에게 돌아가는 상황이었다. 위기의 순간, 신진서 9단은 괴력을 발휘했다. 일본 기사 한 명과 중국 기사 다섯 명을 연파하고 극적으로 한국에게 우승컵을 안긴 것이다. 중국 본토 전체가 탄식했고, 한국은 환호했다. 우승컵을 들고 한국에 입국한 신진서 9단에게 기자들이 우승의 비결을 물었다. 그는 다음과 같이 말했다.

"나보다 더 뛰어난 인공지능과 함께 공부하기 때문에 더 발전할 수 있었습니다. AI는 인간과는 다르게 수학적으로 바둑을 풀어나가기 때문에 이를 받아들이면서 많이 배우고 있습니다."

그러자 기자들이 다시 물었다.

"신진서 9단에게 인공지능은 무엇이라고 생각합니까?"

그는 주저 없이 이렇게 대답했다.

"인공지능은 이제 친구라고 생각합니다."

2016년 3월 9일. 체스 챔피언 카스파로프가 인공지능에게 패배하고 20년이 지났다. 이번에는 세계 최고의 바둑기사 이세돌과 구글의 딥마인드가 개발한 인공지능 바둑 알고리즘 '알파고^{AlphaGo}'

가 세기의 대결을 벌였다. 모든 전문가들이 바둑은 체스와 다르다고 생각했다. 20년 전, IBM의 인공지능 딥블루는 경우의 수가 35^{80} 밖에 되지 않는 체스에서 인간을 이겼다. 반면 바둑이 가진 경우의 수는 우주의 원자 수보다도 많다. 아무리 슈퍼 컴퓨터라도 계산 능력으로 이기기는 불가능하다는 것이 공론이었다. 대국에 임하는 이세돌 9단도 인공지능이 바둑에서 인간을 이기는 일은 불가능하다고 자신했다. 대국장으로 입장하기 전, 이세돌 9단에게 기자들의 질문이 쏟아졌다. 이세돌은 승부를 어떻게 예측하느냐는 기자들의 질문에 4대 1 혹은 5대 0으로 자신이 이길 것이라고 웃으며 말했다. 20년 전의 카스파로프처럼 이세돌 9단도 자신만만했다.

"바둑에서 컴퓨터가 인간을 이길 수 있다는 생각은 너무나 어리석은 것입니다."

"컴퓨터는 바둑에서 직관을 발휘하지 못합니다. 그것은 영원히 인간이 가지고 있는 것입니다."

"바둑에서 가장 중요한 것은 창의성입니다. 컴퓨터는 그런 것을 할 수 없습니다."

인간의 직관과 창의성이 중요한 바둑에서는 인공지능이 '절대' 이길 수 없다는 견해를 피력한 말들이다. 그러나 대국이 시작되고, 불과 몇 분 만에 이세돌 9단의 얼굴에는 잿빛이 돌기 시작했다. 총

다섯 번 이루어진 대국의 결과는 알파고의 4대 1 승리였다. 2016년 3월은 인간의 자부심이 산산조각난 시간이었다. 상상도 못했던 수를 들고 나오는 알파고의 공세 앞에 인간 최고의 바둑기사는 속수무책으로 무너졌다. 이세돌 9단은 내리 3판을 지고 난 후, 2016년 3월 13일에 진행된 제4국에서 백을 잡고 180수 끝에 불계승을 거두었다. 사실 이 승리는 알파고의 알고리즘에 생긴 버그 덕분이었다. 당시 나도 그 역사적인 제4국을 관람했다. 그리고 이렇게 평론했다. "이세돌의 1승은 이제 이후로 등장하는 인공지능과의 경쟁에서 인간이 이긴 인류 역사상 유일무이한 승리로 기록될 것이다." 딥마인드는 제4국에서 드러난 알파고의 치명적 버그를 곧바로 개선하고 '알파고 마스터'를 내놓았다. 그리고 2017년 5월 23~27일 중국 우전烏鎭에서 열린 '미래 바둑 서밋'에서 이세돌과 쌍벽을 이룬 중국 최고 바둑기사 커제와의 대국에서 알파고 마스터는 3판 전승으로 우승했다.

당대 최고의 바둑기사 이세돌과 커제가 알파고에게 참패를 당하자 바둑계에서는 '이제 바둑은 끝났다'는 자괴감이 만연했다. 이세돌 9단도 바둑에서 낭만이 사라졌다면서 은퇴를 선언했다. 여기저기서 비관적인 전망들이 쏟아졌다. "앞으로 더 이상 인간은 바둑을 두지 않을 것이다", "바둑이라는 스포츠 자체가 없어질 것이다" 같은 이야기들이 떠돌았다. 하지만 이런 생각은 기우에 불과했다. 미래는 그렇게 되지 않았다. 이세돌이 알파고에게 참패를 당한 지 8년

이 지난 지금, 신진서 9단은 "AI는 나의 친구다"라고 말하고 있다.

8년 전보다 바둑 인공지능은 더 강해졌지만, 바둑이라는 스포츠는 여전히 건재하다. 인간도 여전히 바둑을 둔다. 대신 달라진 점이 세 가지 있다. 첫째, 이제는 모든 프로 바둑기사, 바둑 관계자, 바둑 애호가들이 인공지능과 함께 '공부'를 한다. 둘째, 인공지능이 없는 바둑은 생각할 수조차 없는 시대가 되었다. 바둑 게임을 중계하는 아나운서와 해설자조차도 인공지능을 옆에 두고 방송을 진행한다. 셋째, 프로 바둑기사들 사이의 실력은 '인공지능 활용 능력'에 따라 천지 차이가 난다(이것이 가장 중요한 변화다). 우리는 인공지능이 바둑계에 일으킨 이러한 변화에 주목해야 한다. 이 세 가지 변화에서 생성형 인공지능이 인간의 삶의 방식을 어떻게 바꿀지에 대한 실마리를 얻을 수 있기 때문이다.

2022년 11월 30일, 세계 바둑의 1인자 이세돌이 알파고에게 패배한 지 불과 6년이 지난 시점에서 인공지능이 인간에게 또 한 번의 충격을 안기는 사건이 벌어졌다. 오픈AI가 '챗GPT'라는 생성형 인공지능의 상용화를 시작한 것이다. 이번에는 세기의 대결 같은 건 없었다. 하지만 그 파장은 이세돌과 알파고의 대결이 가져다준 충격을 능가했다. 이번에는 "컴퓨터가 인간을 이길 날이 올까요? 저는 절대 그런 일이 일어나지 않을 것이라고 확신합니다"라는 말조차 나오지 못했다. 대신 인간의 일자리가 모조리 사라질 것이라는 우려와 공포, 인공지능이 인간을 지배하는 미래가 현실이 될

248

수 있다는 충격이 세계를 흔들었다. 여기저기서 인공지능 개발을 멈춰야 한다는 목소리가 터져 나왔다. 다른 한편에서는 정반대의 목소리도 나왔다. 생성형 인공지능은 엉터리다, 거짓말만 늘어놓는 형편없는 기술이다, 능력이 과장되었다, 유행에 불과하다, 저러다 말 것이다 등등의 목소리였다. 하지만 둘 다 틀렸다. 공포도 틀렸고, 한낱 유행이고 부풀려진 기술이라는 말도 틀렸다. 나는 챗GPT로 대표되는 '생성형 인공지능'의 출현을 이렇게 논평했다.

"챗GPT의 출현은 인공지능이 모든 인간의 삶에서 '작동'을 시작하는 인류 최초의 사건이며, 새로운 문명사를 시작하는 대변혁의 경계석이다. 인류 역사상 최초로 모든 인간이, 모든 분야에서, 인공지능과 함께 일하는 시대의 시작을 알리는 사건이다."

아쉽게도 많은 이들이 여전히 '세종대왕 노트북' 사건(챗GPT가 '세종대왕은 훈민정음의 초고를 작성하던 중 문서 작성이 중단되자 담당자에게 분노하며 맥북프로 노트북을 집어던졌습니다'라는 문장을 지어내 알려준 사건)에 발목이 잡혀 있다. 생성형 인공지능의 거짓말, 아무 말 대잔치, 할루시네이션hallucination(데이터와 맥락에 근거하지 않은 잘못된 정보나 허위 정보 생성)에 대해 과도하게 반응하는 것이다. 오픈AI는 챗GPT-3.5 버전 발표 후 1년 동안 무려 세 번의 대규모 업데이트를 단행했다. 다른 기술보다 10배는 빠른 성능 개선과 발전 속도였다. 2024년에는 구글의 제미나이, 클로드3, 네이버의 클로바엑스, MS의 코파일럿 등 후발주자들이 생성형 인공지능 분야에서 챗GPT의 뒤를 잇기 위해 놀라운 속도로 신기술을 속속 선보였다. 이제 '세종대왕 노트북' 사건과 같은 수준의 할루시네이션은 없다.

지금 우리는 스마트폰이나 인터넷이 없는 세상을 상상할 수 없는 시대를 살고 있다. 단언하건대, 이제 앞으로는 생성형 인공지능이 없는 세상을 상상할 수 없게 될 것이다. 인공지능 기술은 공기처럼 도처에 존재할 것이며, 없으면 모든 것이 멈추게 될 정도로 인류 문명의 지속적 발전에 필수적인 기술이 될 것이다. 생성형 인공지능은 어느 날 갑자기 출현한 기술이 아니다. 인공지능 100년 연구의 결과물이다. 발전에도 가속도가 붙기 시작했다. 앞으로 생성형 인공지능의 활용 능력은 국가 경쟁력 중 하나가 될 것이다.

내가 인공지능의 미래를 이렇게 길게 설명하는 이유가 있다. 신진서 9단의 고백과 바둑계에서 일어나고 있는 변화를 절대 무심코 넘겨선 안 되기 때문이다. 우리는 인공지능을 친구로 삼아야 한다. 크레머와 카스파로프는 인간의 지능과 인공지능의 능력은 상반되어 보이지만, 사실 상호 보완적이 될 것이라고 말했다. 두 사람은 앞으로 조직의 능력은 인간 지능과 인공지능이 가진 재능을 어떻게 결합시키느냐에 달려 있으며 성공적인 결합을 이끌어낸 조직만이 이전보다 효율적이고 정확하며 창의성과 선제성을 갖추게 될 것이라고 전망했다. 정확한 분석과 예측이다.

가까운 미래에 인간은 생성형 인공지능을 새로운 외장 뇌, 확장 뇌 혹은 입는 뇌로 받아들이게 될 것이다. 인공지능과 인간의 생물학적 뇌는 좌뇌와 우뇌처럼 서로 다른 역할을 하며 인터넷이라는 '인공 뇌량artificial corpus callosum(인공 통신 채널)'을 통해 상호작용하고 서로 긴밀하게 협력하여 '지능의 증강'을 발휘하는 새로운 미래를 맞이하게 될 것이다. 그리고 이런 새로운 방식의 '지능 증강'을 빨리 받아들일수록, 미래의 나를 단단하게 만드는 준비도 더 빨라지고 효과적일 것이다.

'확장 뇌'로서의
인공지능 활용법

생성형 인공지능은 인터넷에 존재하는 거의 모든 정보와 지식을 학습하고 '기억'한다. 그래서 나는 생성형 인공지능을 탁월한 기억력을 가진 '인공 해마'와 '인공 신피질'이라고 부르기도 한다. 인공지능의 기억력은 2024년 현재, 한 인간, 혹은 한 기업의 수준을 넘어섰다.

이뿐만이 아니다. 생성형 인공지능은 인간의 뇌에서 일어나는 '정보처리 프로세스'도 모방할 수 있다. 물론 정보처리 프로세스 모방 능력은 아직 인간을 뛰어넘지 못했다. "아직 인공지능이 인간의 지능 역량을 뛰어넘지 못했다"는 평가는 이를 두고 하는 말이다. 하지만 내 경험과 다양한 실험 결과에 의하면 챗GPT-4 수준에서도 인간의 '인식 과정cognitive process'을 상당 부분 흉내 내도록 할 수 있다. 예를 들어 나는 챗GPT-4의 GPTs 기능을 가지고 미래예측을 하는 인공지능 챗봇을 만드는 데 성공했다. 그리고 미래예측 기법 중 하나인 '퓨처스 휠futures wheel' 기술을 GPTs 기능을 사용해서 훈련시켰다. 결과는 놀라웠다. 내가 훈련한 인공지능이 논리적·확률적 예측 결과를 산출한 것이다. 어지간한 인간의 예측보다 훌륭했다.

'인식認識, cognition' 또는 '인지認知'는 인간의 뇌가 외부 대상을 알아차리는 것을 의미한다. 어려운 말로는 '객관적 실재의 의식으로부터의 반영'이라고도 표현한다. 칸트의 인식론에 따르면, 인식은 '실천'에서 시작된다. 감각적 직관이 실천을 통해 직접적·개별적·구체적인 감성적 인식을 처음으로 형성한다. 하지만 이것은 외면적인 인상에 불과할 뿐, 사물의 본성을 포착한 것이 아니다. 진정한 앎이 아니다. 인간의 뇌는 감성적 인식이 만든 외면적 인상을 기초로 실천을 반복하면서 그릇된 점은 정정하고 다른 사물과의 비교·구별 등을 통하여 개념을 구성하고, 판단과 추리를 하며 대상의 본질에 대한 이성적 인식을 얻는다. 여기에 이르면 진정한 '앎'이 이루어진다. 이런 단계를 일반적으로 '인식했다', '알았다'라고 부른다.

나의 경험과 실험에 따르면, 챗GPT 알고리즘 내에는 이런 수준의 '인식 과정'이 자동으로 작동되는 기능이 없다. "클로드3가 챗GPT-4의 추론 능력을 앞섰다" 혹은 "챗GPT-5에서는 추론 기능이 대폭 향상될 것이다"는 등의 기사에서 의미하는 '추론 능력'은 인간 수준의 '인식 과정'을 내재화시키고 있다는 말이 아니다. 학습한 데이터 간의 논리적 연결도가 획기적으로 좋아지고 있다는 의미에 불과하다. 그래서 나는 챗GPT, 클로드, 구글 제미나이 등 생성형 인공지능 안에 인간의 뇌에서 일어나는 '인식 과정' 전체를 내재화시키려면 앞으로도 많은 시간이 필요할 것이라고 예측한다. '범용 인공지능' 혹은 '일반 인공지능'이라 불리는 'AGI**Artificial General Intelligence**'의 완성도 인식 과정 전체를 내재화시키는 작업 없이는 불가능하다.

그럼에도 불구하고, 나는 챗GPT-4 수준에서도 인간의 생물학적 뇌에서 작동되는 인식 과정 일부를 훈련시켜 작동하도록 하는 것이 가능하다는 사실을 발견했다. 방법은 간단하다. 먼저 나의 뇌에서 일어나는 생각의 기술, 업무 처리에 관한 인식 기술(업무의 본질과 한계를 인지하고, 이해하고, 처리하는 것)이 무엇인지 정의했다. 그런 다음 그것을 어떤 순서로 하는지 등을 문서화하고 프로세스화(과정, 절차화)했다. 그리고 이것들을 챗GPT-4 같은 LLM(초거대언어모델)에 '퓨샷 러닝 프롬프트**few shot learning prompting**' 혹은 '커스텀 인스트럭션**custom instruction**'을 활용하여 숙지시켰다. 그 결과 나의 인식 과정 일부를 대신하거나 효율화하는 것이 가능했다. 이렇게 만든 챗봇을 계속 사용하면서, 나는 챗GPT가 내 뇌의 일부처럼 존재한다는 느낌을 받았다. 이렇게 앞으로 몇 년 안에 인간이 기억하고 생각하는 방법이 달라지는 시대가 열릴 것이다.

그리고 나는 바로 이러한 사용 노하우가 '더 나은 프로세스'에 해당된다고 말하고 싶다. 앞서 소개한 카스파로프의 조언을 기억하는가? 카스파로프는 특정 분야에서 약한 실력을 가진 인간이라도 '더 나은 프로세스'를 장착한 인공지능을 활용하면 '강력한 컴퓨터 단독'보다 우수하며 나아가 '강력한 인간 + 기계 + 열등한 프로세스'의 조합보다 우수했다고 말했다. 국내 한 언론사 기자가 서울 한국기원에서 신진서 9단을 만나서 이렇게 물었다.[10]

"인공지능하고 바둑을 두면 어떨까요?"

신진서 9단이 대답했다.

"(인공지능이 신적인 존재는 아니지만) 이기는 것은 불가능합니다."

바둑 전문가들은 신진서 9단의 월등한 실력의 밑바탕에 '인공지능을 활용한 학습 능력'이 있다고 평가한다. 신진서 9단도 온라인 대국으로 다른 기사들과 바둑을 두면서 공부하기보다는 AI와 하루 대부분의 시간을 보낸다고 말했다. 기자가 물었다.

"국내 팬들은 인공지능을 활용한 공부 비법을 알고 싶어 합니다. 신진서 9단이 인공지능을 활용해서 바둑 공부를 하는 나름의 비법을 공개할 수 있습니까?"

그러자 신진서 9단이 대답했다.

---

10 김창금, "AI 시대 최고수 신진서 '나만의 AI 활용법은 공개 불가'", 한겨레, 2024. 03. 14.

"인공지능을 활용해서 바둑 공부를 하는 방법은 많은데… 제가 하는 방식은 공개할 수는 없습니다."

지금 우리 앞에는 새로운 길이 열린 상태다. 단언컨대, 앞으로 인간과 인간의 경쟁에서 결정적 차이는 '인공지능을 활용하여 공부하는 자신만의 방식'에서 비롯될 것이다. 그러니 남들보다 빨리 인공지능을 친구로 삼아라. 먼저 인공지능을 친구 삼은 신진서 9단은 지금 천하무적이다. 별명이 인공지능과 신진서 본인의 이름을 결합한 '신공지능'이다. 이제 바둑계에서는 인공지능에게 지도받는 것을 불편해하지 않는다. 오히려 인공지능을 통해 바둑기사들의 실력 향상 속도가 빨라지고 있다. 초기에는 젊은 기사들만 인공지능을 옆에 두고 공부했지만 지금은 시니어 바둑기사들도 인공지능을 친구 삼아 새로운 바둑의 세계를 즐겁게 여행하고 있다. 스마트폰이 처음 나왔을 때, 인터넷 뱅킹이 처음 나왔을 때, 수많은 어르신들이 나는 절대 사용하지 않을 것이라고 저항(?)하곤 했다. 지금은 어르신들이 젊은이들보다 스마트폰을 더 가까이하며 스마트폰을 친구 삼아 하루를 보낸다. 생성형 인공지능이 그렇게 될 날도 이제 머지않았다.

이제, 살아 있는
거대한 도서관과 벗하라

나는 생성형 인공지능을 '살아서 나와 대화하는 거대한 도서관'이라고 부르기도 한다. 이렇게 부르는 데는 이유가 있다. 예를 들어 나는 요즘 '애덤 스미스의 『국부론』'이라는 챗봇을 만들어서 가상의 애덤 스미스와 대화하고 토론하면서 『국부론』을 다시 읽는 중이다. 나의 실험 결과, 챗GPT, 구글 제미나이, 클로드, 클로바엑스, 코파일럿 등 생성형 인공지능은 우리 아이들이 초등학교부터 대학교까지 배우는 모든 학문 영역에서 정말 놀라운 지식들을 알려준다. 이 책 2장에서 금융과 경제에 대해 설명한 내용 중 모르는 것을 물어보면 친절하게 대답해준다. 좀 더 깊이 공부하고 싶다고 하면, 챗GPT가 우리의 수준에 맞는 교과 과정을 제안해주고, 친절하고 세심하게 가르쳐준다.

챗GPT-3.5가 의사, 변호사 등 국가공인 시험을 통과할 수준의 지식을 가졌다는 말은 이제 진부할 정도다. 챗GPT-4는 미국 국가공인 시험의 상위 10퍼센트에 들 실력까지 향상되었다. 생성형 인공지능의 기본 개념은 '똑똑한 인간'이다. 즉 우리는 생성형 인공지능에게 '공부 잘하는 사람'에게 기대하는 것을 기대해야 한다. 생성형 인공지능은 검색엔진이 아니며 백과사전도 아니다. 그래서 우리가 원하는 정답을 토씨 하나 틀리지 않고 대답하기를 기대해서는 안 된다. 만약 그런 답변을 원한다면 백과사전을 찾아봐야 한다.

2024년 현재, 생성형 인공지능은 한국 최고의 대학원에 수석으로 들어간 학생과 비슷한 수준의 실력을 가지고 있다. 앞으로 1~2년 이내에, 각 분야 박사 과정의 수석 졸업생 혹은 웬만한 교수보다 더 똑똑한 수준의 실력에 도달할 것이다. 그리고 앞으로 3~5년 이내에 모든 분야에서 최고로 뛰어난 교수 수준에 도달할 것이다. 챗GPT는 무려 120개 외국어를 실시간 동시통역을 한다. 앞으로 2~3년 안에 모든 스마트폰에는 이러한 실시간 동시통역이 탑재될 것이고, 스마트 안경, 스마트 링, 무선 이어폰 등을 활용해서 전 세계 모든 곳에서 '언어의 장벽'이 사라지고 실시간 동시통역과 번역이 자연스러운 시대가 열릴 것이다. 이런 인공지능을 친구로 삼는 것은 행운이다.

마지막으로, 다시 한 번 강조한다. 생성형 인공지능을 친구 삼고, '인공지능을 사용하는 노하우'를 하나둘 익히면 자아실현의 길이 그만큼 빨리 열린다. 생성형 인공지능은 우리의 미래 계획 수립을 돕는 코치가 되고, 우리가 원하는 목표를 이루는 데 필요한 학습을 돕는 선생님이 될 수도 있다. 인생의 중요한 순간마다 멘토가 되어주고 조력자가 되어줄 수도 있다. 이런 능력 때문에 나는 "나를 단단하게 만드는 자아실현을 이루는 최고의 지혜는 '인공지능'을 잘 사용하는 데서 나온다"라고 말한다. 머뭇거리지 말라. 지금 당장 시작하라. 인공지능은 우리의 '확장 뇌' 혹은 '살아서 나와 대화하는 거대한 도서관'이 되어 우리의 미래를 단단하게 만들어주는 좋은 친구가 될 것이다.

나의 미래를 단단하게 만드는 미래학자의 세 가지 도구

2050 대담한 준비

초판 1쇄 인쇄 2024년 7월 22일
초판 1쇄 발행 2024년 8월 12일

지은이 최윤식
펴낸이 최기억, 성기홍

기획·편집·마케팅·제작 출판사 월요일의꿈
디자인 STUDIO BEAR

펴낸곳 (주)연합인포맥스
출판등록 2008년 4월 15일 제2008-000036호
주소 (03143) 서울특별시 종로구 율곡로2길 25, 연합뉴스빌딩 10층(수송동)
전화 02-398-5269 **팩스** 02-398-4995
이메일 sabm2000@yna.co.kr
홈페이지 https://news.einfomax.co.kr

ISBN 979-11-976461-9-5   03320

ⓒ 최윤식, 2024

- 책값은 뒤표지에 있습니다.
- 잘못 만들어진 책은 구입하신 서점에서 교환해드립니다.
- 이 책 내용의 전부 또는 일부를 재사용하려면 반드시 저작권자와 (주)연합인포맥스의
  서면동의를 받아야 합니다.